FSC
www.fsc.org
MIX
Papier aus ver-
antwortungsvollen
Quellen
Paper from
responsible sources
FSC® C105338

Impressum

Herausgegeben von: WanipaMedia Inh. Patrick Wagner
Wanipamedia.de
Wanipa-life.de

Verlag: BoD · Books on Demand GmbH, Überseering 33,
22297 Hamburg, bod@bod.de
Druck: Libri Plureos GmbH, Friedensallee 273, 22763 Hamburg
ISBN: 978-3-8192-6281-4

Patrick Wagner

Warum kauft keiner meinen Scheiss?

Das ehrlichste Buch, das du jemals über dein Onlinebusiness lesen wirst

Inhalt

Vorwort von Anja Bogdanski

Dieses Buch ist anders. Es ist kein Buch, das man einmal liest und dann im Regal verschwinden lässt. Es ist weit entfernt von einem trockenen Sachbuch. Vielmehr ist es ein aufheiterndes, ironisches Stück Kabarett, das die „Schnelles Geld und Online-Business"-Welt auf die Schippe nimmt.

Aufgewachsen in der digitalen Ära, schafft es Patrick mit seiner frischen Art, selbst trockene Themen mit Witz und Charme zu erklären. Er weiß genau, wovon er spricht – schließlich hat er viel Erfahrung in der Welt des Online-Geschäfts und ist aus meiner Sicht darin erfolgreich. Erfolg bedeutet, ein Ziel zu erreichen, das man sich selbst gesetzt hat. Das hat Patrick geschafft.

Er sagte mir einmal, dass es sein größter Traum sei, einen eigenen Film im Kino zu zeigen. Anstatt auf den unerwarteten Anruf von Steven Spielberg zu warten, nahm er es selbst in die Hand: Von der ersten Idee bis zur finalen Produktion setzte er alles eigenständig um. Erst als das Publikum am Ende applaudierte, wurde ihm bewusst, was er erreicht hatte. Diese Bescheidenheit zeichnet ihn aus – ebenso wie seine Fähigkeit, sich in der oft anonymen digitalen Welt zu behaupten.

Wenn du mit einem Onlinekurs sechshundert Euro im Monat verdienst, kann das für den einen viel, für den anderen wenig sein. Für Patrick war es viel – nicht wegen der Summe, sondern wegen dessen, was sie für ihn bedeutete. Es zeigt, wie bodenständig er ist. Zudem betrachtet er Fehler und Misserfolge nicht als Rückschläge, sondern als wertvolle Erfahrungen und Chancen zum Wachstum. Diese Einstellung ist essenziell für persönliche Entwicklung – gerade im Online-Business.

Das Buch, das du in den Händen hältst, ist in der Sprache der Z-Generation geschrieben. Es ist kurzweilig, passt perfekt in unsere schnelle Zeit und kann dir als Motivation dienen. Es wird dir helfen, Durchhaltevermögen zu entwickeln, die digitale Welt zu verstehen und dich vor Betrügern zu schützen. Genau das ist Patricks Ziel.

Zum Schluss mein persönlicher Rat an dich: **Setze dir ein Ziel und bleib so lange dran, bis du es erreichst.**

Anja Bogdanski

Businesscoach, Autorin
Geschäftsführerin von one 2 one fit

bogdanski-coaching.de

Zur Einstimmung

Das Aufbauen eines Online-Business ist leicht. Du nimmst einfach ein bestehendes Modell, machst dich über die Grundlagen schlau und legst einfach los. Du richtest es ein, kaufst vielleicht Produkte, erstellst Social Media Posts und dann… nichts. Ich weiß nicht, ob du das kennst, aber für mich ist das fast schon Alltag. Man schaut ein YouTube-Video, in dem ein Geschäftsmodell vorgestellt wird und ist direkt begeistert, setzt es so gut es geht um und der Erfolg bleibt aus.

Noch peinlicher ist, dass man dann schon Stunden an wertvoller Lebenszeit in das vermeintlich neue und große Projekt investiert hat und es letztendlich niemanden interessiert. Um „Marketing zu machen" eröffnet man ein neues Instagram-Profil und lädt Beiträge hoch, die eigentlich nur aus einem Stockfoto mit einem vermeintlich schlauen Spruch bestehen. Wahrscheinlich schaltet man auch noch Onlinewerbung, weil ein Guru dazu geraten hat. Nach einer Woche hat man genau zehn Follower, die aus fünf unterstützenden Freunden und der eigenen Oma bestehen. Die restlichen vier sind irgendwelche Fake-Profile, die angeblich von angeblichen Frauen mit viel Obst in der Bio. Der Umsatz des neuen Business liegt genau bei null. Nach zwei Wochen on-air bist du schon demotiviert und legst die Idee für immer zu den Akten. Irgendwann fragst du dich frustriert:

„Warum kauft keiner meinen Scheiß?"

Wenn dir diese Geschichte bekannt vorkommt, ist dieses Buch genau für dich!

Das obige ist mir nicht ein, sondern ganze fünfzehnmal passiert! Es ist also völlig normal, dass man im Onlinebusiness scheitert. „Das wichtige ist nur, dass man sein Ziel kennt und…" ganz ehrlich: Hast du diese dummen Sprüche auch satt? – Es ist demotivierend, wenn man immer wieder scheitert. Das ist die einzige Wahrheit, die man aus den Versuchen zieht. Es ist zudem frustrierend, wenn man Zeit und Energie in Projekte steckt, die zum Scheitern verurteilt sind.

Es ist keine Sache der Motivation, dass die Projektideen scheitern. Es liegt an ganz anderen Komponenten, über die fast niemand spricht, weil sie individuell sind. Doch die Individualität wird in Kursen und Büchern von der Stange komplett außen vorgelassen. Es wird davon ausgegangen, dass sich jeder Mensch in irgendein Muster pressen lässt. Das gilt vielleicht für die Menschen, die stupide dem Geld hinterherlaufen. Aber diese Menschen würden sogar ihre eigene Mutter für ein paar Cent verkaufen.

Wer in seiner Tätigkeit hingegen persönliche Erfüllung mit einem schönen Einkommen erwartet, darf seine Individualität nicht vergessen. Schließlich ist sie es, die uns definiert und letztendlich erfolgreich machen wird.

Teil 1 – Bevor es richtig losgeht

Meine Geschichte

Die Frage, die man sich unweigerlich stellt, wenn man ein Buch wie dieses liest ist: Was qualifiziert den Autor dazu, dieses Buch zu schreiben? Da ich diese Frage nicht nur berechtigt, sondern auch richtig finde, möchte ich sie dir direkt am Anfang beantworten und mich kurz vorstellen.

Mein Name ist Patrick und ich bin YouTuber der ersten Stunde. Im Jahr 2006 habe ich meinen ersten Kanal gegründet, auf dem ich bis heute Animationsfilme mit der Welt teile. Bin ich damit erfolgreich? Nun, es hängt davon ab, wie man Erfolg definiert. Wenn man Erfolg definiert, indem du von der ganzen Welt gekannt wirst, deine Produktionen hohe Wellen schlagen, du eine gewaltige Fanbase hast, die jeden Schritt von dir mitverfolgt und du haufenweise Geld damit verdienst… dann bin ich nicht erfolgreich!

Mein YouTube-Kanal war bereits von Anfang an eher klein. Dazu muss man sagen: Wenn man eine professionelle Strategie hat und gute Videos macht, war es relativ leicht, Mitte der 2000er eine große Fanbase aufzubauen. Der YouTube-Algorithmus war noch „fair" in dem Sinne, dass er alle Videos, die relevant für ein Thema waren, gleichermaßen gepusht hat. Du hast bei der Suche Inhalte zu dem Thema bekommen, nach dem du gesucht hast. Das bedeutet für den Nutzer, dass er tatsächlich Inhalte bekommt, die er braucht. Sogar völlig unabhängig von der Größe des YouTubers, der das Video hochgeladen hat. Für die Kanalbetreiber hieß das, dass sie mit passenden Videos problemlos die passende Zielgruppe erreichen konnten. Heute ist das Ganze ein wenig anders, denn der Algorithmus schlägt den Nutzern das vor, was er berechnet hat. Das heißt, die Videovorschläge richten sich nicht nach Relevanz, sondern nach den Videos, die man vorher geschaut hat. Man bekommt also ähnliche Videos von ähnlichen Produzenten vorgeschlagen. Das mag für den Nutzer bequem sein, allerdings trägt es nicht unbedingt zur Horizonterweiterung bei. Es macht außerdem den Durchbruch neuer Videoproduzenten erheblich schwerer. Wenn man einen neuen Kanal gründet, kann man sich nicht darauf verlassen, dass die produzierten Videos auch in den Suchergebnissen angezeigt werden. Es gibt sehr viele großartige Kanäle und Kanalideen, die ein Video haben und nach dem ersten bis zehnten Upload erheblich floppen. Kaum ein Video erreicht die Masse an Zuschauern, die man sich erhofft hat.

Auch das weiß ich aus eigener Erfahrung. Während mein Hauptkanal den Schwung der 2000er und 2010er mitnehmen konnte, hatten neue Kanalideen von mir eine schwere Zeit. Kaum einer verirrte sich zu meinen Videos, weswegen ich die Produktion der Kanalformate schnell eingestellt habe. Es lohnte sich nicht und war schlichtweg demotivierend. In den vergangenen Jahren hat sogar mein Hauptkanal Federn gelassen. Weil man Animationen nicht regelmäßig produzieren kann und auch die Laufzeit mit maximal zehn Minuten nicht sonderlich förderlich für die Monetarisierungskriterien ist, ist mein YouTube-Kanal ein ausschließlicher Hobbykanal geworden. Schade eigentlich, denn wenn man Geld mit dem verdienen kann, was man liebt, arbeitet man keinen Tag mehr… ach, immer diese Glückskekssprüche…

Es ist aber auch nicht so, dass ich mit meinem Kanal überhaupt kein Geld verdient habe. Es war 2007 und ich erhielt eine Nachricht von YouTube höchst persönlich (also vom Support meine ich). Sie haben festgestellt, dass ein neues Video von mir eine super Performance hinlege, und fragten mich, ob ich nicht Geld mit meinen Videos verdienen wolle. Da zögert man nicht lang. Damals lief das Ganze noch komplett über AdSense, auf deren Seite ich meine Einnahmen sehen konnte. Ich konnte von da an Geld verdienen mit jedem Video, das ich hochlud. Also habe ich auch jedes Video direkt monetarisiert. 2010 ist mir dann der „Durchbruch" gelungen mit einem Video, das innerhalb von einem Monat die Marke von 500.000 Aufrufen knacken konnte. Das war damals noch eine hohe Zahl, weil der YouTube-Traffic noch ein wenig geringer als heute war. Es war überwältigend, wenn auch ein wenig enttäuschend, denn das Video gehörte nicht zu meiner Hauptserie, die ich eigentlich fokussieren wollte. Nicht lange nach dem Erfolg meines Videos kam eine Nachricht von einem US-amerikanischen Netzwerk, das mich fragte, ob ich meine Zahlungen über sie abwickeln wolle. Zwar werden meine Einnahmen pro tausend Klicks geringer, dafür werde ich von dem Netzwerk aber gepusht und ich dürfe mich über Support freuen. Naiv wie ich war, fand ich die Idee klasse und registrierte mich.

Nur einen Monat später haben sich meine Einnahmen halbiert, bei gleichbleibenden Aufrufzahlen. Der versprochene Push? – Fehlanzeige.

Wenigstens haben sie zuverlässig auf mein Paypal-Konto gezahlt. Das ist auch alles, was ich Positives über die Zusammenarbeit mit dem Netzwerk sagen kann. Die Zusammenarbeit ließ ich trotzdem laufen, denn ich war schlichtweg zu faul, den Vertrag aufzukündigen. Schließlich lief ja alles. Das war mein nächster Fehler.

Es dauerte ein paar Jahre und YouTube änderte die Richtlinien, die ein Kanal erfüllen muss, um Geld über die Werbeeinnahmen zu generieren. Für einen kurzen Moment freute ich mich, dass ich das Netzwerk nicht verlassen habe. Ich bildete mir ein, dass es mich vor einer Demonetarisierung schützen würde, denn schließlich arbeitete es mit Google zusammen und hatte sicherlich Sonderkonditionen für ihre Vertragspartner… Absolute Fehleinschätzung meinerseits. In dem Moment als mein Kanal aus den Richtlinien fiel, kündigte das Netzwerk meinen Vertrag. Da stand ich nun: Mein Kanal verdiente kein Geld mehr, obwohl ich perspektivisch von meiner kreativen Arbeit leben wollte.

Parallel zu YouTube hatte ich außerdem eine ebenso große Fangemeinschaft auf dem deutschen Videoportal Sevenload. Dort glänzte vor allem meine Hauptserie „Max Torrt". Sevenload war vom Prinzip wie ein Online-Fernsehkanal. Man kann es sich wie eine Mischung aus YouTube und Netflix vorstellen. Ein großer Teil der Videoinhalte, die auf der Seite waren, war User-

Generated-Content, genau wie bei YouTube. Es gab aber auch eine Kanal- und Showsektion, auf der professionelle Videohersteller regelmäßig ihre Sendungen hochluden. Einige davon waren sogar exklusive Produktionen. Nach einer Anfrage, die ich an die Plattform stellte, hatte ich die Ehre, ebenfalls einen Showkanal mit meiner Animationsserie zu eröffnen. Das beförderte mich auf eine Stufe mit den „ganz Großen". Oder zumindest fühlte es sich so an. Jedes Mal, wenn ich ein neues Video hochlud, blinkte neben meinem Shownamen ein roter Button mit „neue Folge". Da ich diese Form der angezeigten Aufmerksamkeit so klasse fand, wurde ich plötzlich sehr produktiv. So produktiv, dass ich irgendwann ausbrannte und eigentlich keine Lust mehr auf meine eigene Serie hatte. Auch wenn ich den einen oder anderen Zuschauer auf Sevenload hatte, war es nur ein Egopush und nichts anders. Geld konnte ich auch auf der Plattform nicht verdienen. Ein paar Jahre später wurde die Videoplattform eingestellt und ich hatte nur noch meinen unspektakulären YouTube-Channel, der kein Geld mehr abwarf. Von meinem erfolglosen Vimeo-Kanal erzähle ich lieber nichts.

Zu der Zeit, als YouTube seine Richtlinien für die Monetarisierung änderte, war ich noch im Studium, wo ich das erste Mal in Berührung mit Entrepreneurship kam. Kurz zur Erklärung: Entrepreneurship bezeichnet ein Fachgebiet der Weiterentwicklung, in dem Dinge von anderen Seiten betrachtet werden und so Innovationsprozesse entstehen können. Während der Semesterferien besuchte ich in Wolfenbüttel einen

Entrepreneurship-Kurs, der zum Höhepunkt hatte, ein Gruppenprojekt zu starten, was am Ende von potenziellen Förderern begutachtet wurde. Unser Projekt gewann… nicht…

Ich persönlich war über den Verlust der Möglichkeit nicht sonderlich traurig. Es war nicht das, was ich gerne tat, und ich sah es nicht wirklich als mein eigenes Projekt an. Während sich drei meiner Teamkollegen bei der Jury beschwerten und darüber diskutierten, weshalb wir eigentlich den ersten Platz verdient hätten, schauten unser Teamleiter und ich uns wortlos an. Es war sein Projekt. Er war es, der die Grundidee hatte. Ich war nur eine ausführende Person von fünf. Unser Teammanager sagte mir schließlich, dass das ganze eigentlich auch nicht SEIN Projekt war. Er hat zwar die Grundidee gegeben und die Zügel in die Hand genommen, doch das Ergebnis war anders als er es sich gewünscht hatte. Wir waren einfach ein zusammengewürfeltes Team ohne eine gemeinsame Vision. Jedes Teammitglied hatte seine eigenen Ansichten und wollte selbst so viele Ideen wie möglich einbringen. Der alte Spruch „viele Köche verderben den Brei" passte wie die Faust aufs Auge. Unser Teamleiter versicherte mir, dass er das Projekt durchziehen würde, und zwar ohne Förderung und ohne uns. Auch wenn ich damals noch keine Ahnung von professionellen Workflows, geschweige denn echter Arbeit hatte, wusste ich genau, warum er das so sah. Wenn er ein Projekt umsetzen will, das für ihn persönlich wichtig ist, dann muss er es auch nach seinen Vorstellungen umsetzen. Es ist seine Aufgabe, andere Teilnehmer und auch Investoren von SEINER Idee zu überzeugen. Wenn bereits in der Ideenfindungsphase alles durch Mitdenker verpfuscht wird, kann das Projekt nicht funktionieren. Es war nicht mehr das Projekt, was er ursprünglich geplant hatte.

Der Professor, der unsere Abgaben prüfte, gab uns allen eine 1,7. Für den Aufwand war es OK und ich hatte mehr gelernt, als ich es erwartet hatte. Bei dem Kurs lernte ich zwei weitere Dinge kennen, die später mein Leben in eine bestimmte Richtung laufen ließen.

Das eine waren zwei Bücher: „Die 4 Stunden Woche" von Tim Ferriss und „Kopf schlägt Kapital" von Günter Faltin. Das Buch „die 4 Stunden Woche" war seiner Zeit um einiges voraus. Es war ein Buch, das die Coachingbranche zum ersten Mal einer breiten Öffentlichkeit bekannt machte. Es ist ein Grundstein der bis heute boomenden Branche und Inspiration für viele Menschen. Das kann ich auch verstehen, denn es ging nicht nur um den Coachingmarkt an sich, sondern auch ums Mindset, was für meine spätere Entwicklung eine große Rolle spielen wird. Das Buch „Kopf schlägt Kapital" handelt davon, wie man durch Nachdenken und Grundlagen-Knowhow, vorhandene Komponenten kombinieren kann, um daraus ein neues Geschäftsmodell zu entwickeln. Die Denkweise, die hier vermittelt wurde, war der Grundstein für ein Geschäftsmodell, das später im Internet große Wellen schlug: das Dropshipping.

Das andere Ding war die Information darüber, dass wir an meiner Hochschule ein Programm zur Startup-Förderung hatten. Als Studenten der Ostfalia hatten wir die

Möglichkeit, kostenlose Beratung in Anspruch zu nehmen. Also schnappte ich meinen besten Freund und wir gingen unangemeldet zur Beratungssitzung… allerdings im zweiten Anlauf, weil ich mich im Datum vertan hatte (Mann, darüber lacht der heute immer noch). In der Diskussion mit dem Coach stellte sich heraus, dass selbst mein Freund und ich zwei unterschiedliche Ansichten einer Gründung hatten. Ich war komplett davon begeistert, ein Geschäftsmodell aus einer Vielzahl von Content-Projekten aufzubauen, während mein Freund etwas geerdeter war. Er hatte den Plan, eine stark spezialisierte Serviceagentur zu gründen, die sich auf das Storytelling in Werbebotschaften fokussiert. Eine Idee, mit der später viel Geld gemacht wurde… aber nicht von uns…

Unser Gründungsprojekt stellten wir ein und verfolgten es nicht weiter. Im späteren Praxissemester sahen wir uns ohnehin wenig und bei der Bachelorarbeit noch weniger. Ich war einer der letzten verbliebenen meines Semesters, die noch in Salzgitter blieben, um die Bachelorarbeit zu schreiben.

Nachdem ich mein Studium erfolgreich beendet hatte, wurde mir klar, dass man wirklich nur lernt, wenn man in der Praxis ist. Eine Erkenntnis, die Studenten eigentlich viel früher haben sollten. Das gilt vor allem für die, die was Soziales ohne NC studieren, nur um sich in einer Facebook-Diskussion mit dem Titel „Akademiker" schmücken zu dürfen… und Mann, habe ich in der Praxis viel gelernt!

Ein halbes Jahr nachdem ich mein Bachelorzeugnis in der Hand hielt, zog ich für meinen ersten Job nach München. Hier arbeitete ich in einer Mediaagentur als Trainee für Mediaplanung. Dieses Einstellungsverhältnis endete nach einem ganzen Monat. Frustriert sah ich mich im Münchner Jobcenter sitzen, um mich dann aufklären zu lassen, dass ich keinen Anspruch auf Arbeitslosengeld hätte. Klasse, dachte ich, das wusste ich schon aus dem Internet!

Meine Arbeitslosigkeit dauerte aber nur einen Monat, denn ich fand für September eine Stelle als Praktikant in einer Personalberatung. Es war nicht das, was ich studiert hatte oder machen wollte, aber es war ein Job, mit dem ich meine Miete zahlen konnte. Meine Aufgabe bestand darin, wechselwillige IT-Fachkräfte zu finden und dann unseren Kunden vorzustellen. Ich war also schlicht Headhunter. Es würde den Rahmen dieses Buches sprengen, wenn ich auf alle Details eingehe und beschreibe, was ich fachlich und menschlich aus dieser Anstellung gelernt habe. Die wichtigsten Erkenntnisse sind neben den Skills im Bereich Sales, dass der eigene Erfolg von einem selbst abhängt und einzig Mindset ist.

Als ich schließlich zum Kundenberater befördert wurde, änderte sich mein Mindset zum Schlechteren. Wobei, „befördert" das falsche Wort ist: Eigentlich habe ich so lange herumgeheult, bis die Geschäftsführer nachgaben und es mich mal versuchen ließen. Die schlechte Änderung war, dass ich mich von einer neutralen Person ins Ellenbogendenken gedrückt fühlte. Ich missgönnte meinen Kollegen finanziellen Erfolg und ärgerte mich, wenn sie einen Bewerber, den ich auch in Prozessen hatte, bei einem anderen Kunden platzierten. Diese Einstellung machte mich zutiefst unglücklich. Das lag auch daran, dass ich bei der Arbeit eine andere Einstellung und Herangehensweise hatte, als ich eigentlich wollte. Das falsche Mindset ließ mich zu einer Person werden, die ich nie sein wollte. Gehässig, missbilligend, schadenfroh und gleichzeitig verzweifelt.

Woher kam das plötzlich? Steckte es schon immer in mir? Wahrscheinlich ja, und es würde immer noch heraushängen, wenn ich nicht hart an mir gearbeitet hätte. Meinem Chef fiel der Wandel in meinem Charakter natürlich auch auf. Als ich dann Jahresgespräch hatte, gab er mir ein weiteres Buch, das mein Leben maßgeblich verändern würde: „Mindset" von Carol Dweck. Er erkannte, dass sich mein Mindset von einem, das ich weiterentwickeln wollte (growth), in ein störrisches (fixed) verwandelt hatte. Als ich das Buch las und mir die Unterschiede klar wurden, beschäftigte ich mich mehr mit mir selbst und mit Persönlichkeitsentwicklung. Dieser Anstoß war genau das, was ich zu der Zeit brauchte. Hätte ich diesen Weg nicht gefunden, wäre mein Leben wahrscheinlich schlechter und unglücklicher gewesen.

Mir wurde klar, dass man nur ein Leben hat und dass man sich das Leben so schön machen sollte, wie es geht. Zeit ist wertvoll und wenn man sie mit jemandem verbringt, schenkt man der Person das Wichtigste, was man besitzt. Das gilt auch für die Arbeit. Wenn du zur Arbeit gehst, schenkst du deinem Arbeitgeber oder Auftraggeber dein wichtigstes Gut. Darum ist es wichtig, dass dir die Arbeit Spaß macht und du dich gewertschätzt fühlst.

Als mir das alles klar wurde, machte ich meinen nächsten Schritt: Ich kündigte.

Jetzt konnte ich endlich meine Arbeitslosenversicherung nutzen, in die ich so lange eingezahlt hatte. Ein halbes Jahr lang (2019/2020) hatte ich Zeit für mich, um meinen Kompass neu zu stellen. Ich überlegte mir, was ich beruflich machen wollte und wo sich mein Leben hinzuentwickeln hatte. In dieser freien Zeit besuchte ich ein Gründungsseminar der Stadt München, wo ich kurzlebige Kontakte knüpfte, die ebenfalls gründen wollten. Ab dem Punkt war es mein großes Ziel, eine eigene Firma zu haben. Ich traf mich mit einer anderen Teilnehmerin, mit der ich mir eine Gründung ebenfalls vorstellen konnte und hatte letztendlich das altbekannte Problem: Wir hatten zwei verschiedene Ansichten. Daraus wurde also auch nichts. Parallel zum Gründungsseminar gründete ich einen Blog, der sich mit dem Thema Startupmarketing beschäftigte. Unter dieser neuen Marke stellte ich Bücher im Selbstverlag her und produzierte Onlinekurse für Plattformen wie Udemy, Skillshare und Co. Zudem wurde ich als Copywriter (Werbetexter) aktiv und bekam über eine Plattform Aufträge von großen Firmen wie Covestro oder BMW. Wirklich glücklich war ich mit den Aufträgen über die Plattform nicht, denn ich verdiente nicht viel. Von dreihundert Euro im Monat konnte ich schließlich nicht leben. Auch meine digitalen Produkte liefen mäßig.

Doch dann kam unerwartet ein Durchbruch. Da ich innerhalb weniger Monate ein Profi im Bereich Copywriting wurde (oder es mir zumindest einredete), entwickelte ich einen Onlinekurs, der Menschen das Copywriting näherbrachte. Ich spickte ihn mit eigenen Erfahrungen und Tests aus meiner Zeit in der Personalberatung (also mit Insiderinfos aus dem Vertrieb) und steckte mehr Energie und Schweiß in die Produktion als je zuvor. Bereits wenige Wochen nach der Veröffentlichung war mein Kurs ein Udemy-Bestseller und ich verdiente 600 Euro monatlich mit nur einem Kurs. Hinzu kamen die Einnahmen über das Copywriting, sodass ich eine solide Grundlage für mein eigenes Business hatte. Bereits bei meiner ersten Steuererklärung nach der Anmeldung konnte ich einen Gewinn ausweisen. Ich hoffte, dass es immer so weitergehen würde. Achtung Spoiler: Ging's nicht!

Mein Kurs hat natürlich andere Copywriter dazu animiert, ebenfalls Kurse auf den Markt zu werfen, die möglicherweise besser und professioneller als meiner waren. Mein Umsatz in diesem Bereich sank kontinuierlich, sodass ich irgendwann froh sein konnte, wenn ich monatliche Einnahmen von mehr als 100 Euro erzielen konnte. Da ich in der Zwischenzeit wieder einen Job angefangen hatte, beendete ich meine Tätigkeit als Copywriter um nicht auszubrennen.

Jetzt denke ich mir, wenn ich meinen Kurs aktualisiert hätte und weiter am Copywriting drangeblieben wäre, dann würde ich jetzt das Leben führen, das in den nervigen YouTube-Ads von irgendwelchen Coaches beworben wurde. Und das ohne ihre schlecht produzierten Onlinekurse oder ihr Coaching zu kaufen.

Die Aufgabe meiner gut laufenden Geschäfte ermöglichte mir aber, mich in anderen Bereichen auszuprobieren. So probierte ich die Erstellung von Stockgrafiken aus, T-Shirt Designs und sogar das eine oder andere KI-Geschäftsmodell. Keines der Projekte hatte Erfolg und auch ein Relaunch meiner bisherigen Projekte erschien unmöglich. Bei dem Ausstieg aus dem Copywriting hatte ich meine Kunden verärgert und die Neuerstellung von Onlinekursen war auch nicht wirklich rentabel, zumal die anderen Mitbewerber bombastische Kurse auf die Beine stellten, mit denen ich auch nicht konkurrieren wollte.

Ich zog mich also ein wenig zurück und machte mir klar, was ich wollte und noch viel wichtiger: WARUM ich es wollte. Ich möchte durch mein Business Geld verdienen, mit dem ich mehr Freiheit haben konnte und mich endlich auf die Sachen konzentrieren, die ich mir schon immer gewünscht hatte. Also erstellte ich eine Lebens-To-Do-Liste.

Ganz oben auf besagter Liste stand, dass ich einen Kinofilm produzieren wollte. Also produzierte ich einen Kinofilm, der meine Figuren aus meiner Animationsserie endlich auf die Leinwand brachte. Im Sommer 2023 hatte mein Film Premiere in München. Mein größter Kindheitstraum wurde wahr. Ein weiterer Aspekt war, dass ich (frag mich nicht wieso) auf einer Sportbande in der Volleyballbundesliga ein Bild von meinem Character „Max Torrt" platzieren wollte. Also meldete ich mich als

Sponsor meiner Lieblingsmannschaft und wurde seitdem vom Spielfeld aus von meiner eigenen Figur angegrinst. Finanzielle Dinge standen bei dem Punkt nicht im Vordergrund, denn ich hatte mein Ziel erreicht. Ich wollte genug Geld verdienen, dass ich in Teilzeit arbeiten konnte und trotzdem genügend Geld für Urlaub hatte. Diesen Zustand habe ich auch erreicht. Es war aber ein langer Weg, wie du siehst.

Mit diesem Buch möchte ich mit ein paar Mythen rund ums Onlinebusiness aufräumen und dich vor Fehlern schützen, die mir passiert sind. Vielleicht bist du schon voll in der Planung deines eigenen Geschäfts und erlebst den einen oder den anderen Rückschlag. Egal welcher Rückschlag es ist: Ich bin mir sicher, dass er mir oder einem meiner Freunde oder Partner ebenfalls passiert ist. Rückschläge sind nichts, weswegen man sich schämen sollte. Ganz im Gegenteil: Sie formen und lehren uns. Insofern ist der altbekannte Spruch „wer nicht wagt, der nicht gewinnt" aktueller denn je (danke Mama, dass du mir diesen Spruch so oft gesagt hast).

Ich bin mir sicher, dass du auch deine eigenen Ziele hast und dein Leben selbstbestimmt leben möchtest. Vielleicht möchtest du Geld haben, um dir einen Traum zu erfüllen oder einfach mehr finanzielle Sicherheit. Ganz egal, was du dir vornimmst, mit dem richtigen Mindset und deinem Ziel vor Augen wirst du erfolgreich sein. Es war noch nie so leicht, ein eigenes Geschäft aufzubauen.

ABER: Hüte dich vor Betrügern, leeren Versprechungen und deinen eigenen Erwartungen. Was ich damit genau meine, wirst du in diesem Buch lernen und verstehen lernen. Du wirst in der Lage sein, Fehlerquellen zu erkennen und dich vor ihnen zu schützen. Wenn dir doch ein Fehler passiert, wird er dich nicht aufhalten, sondern stärker machen. Ich bin sehr stolz, mit dir Erfahrungen teilen zu dürfen. Mein größter Wunsch ist, dass ich dich genauso motivieren kann, wie die oben genannten Autoren mich damals inspirierten.

Zum Titel dieses Buchs

Meine eigene Geschichte habe ich mit ein paar inspirierenden Worten enden lassen. Allerdings ist der Titel dieses Buches alles andere als inspirierend. Er ist eher demotivierend. Er beschreibt die Praxis ganz gut, unabhängig davon, ob man ein online- oder offline Business gründen möchte.

Wenn du dir Mühe gibst, ein Geschäft gründest und darauf achtest, dass du alles richtig machst, kannst du trotzdem einen Dämpfer erleben. Das Business ist gestartet, vielleicht hast du sogar teure Anzeigen geschaltet und bist Kooperationen mit anderen Unternehmen eingegangen und... nichts. Kein einziger Verkauf seit Wochen. Bei Social-Media-Kanälen genauso: Du entwickelst tolle Inhalte für tolle Posts und postest regelmäßig. Doch trotz viel Arbeit nur drei Likes und zehn Follower.

Das ist nichts, wofür man sich schämen sollte. Sogar die Social-Media-Accounts von millionenschweren

Unternehmen können ähnlich aussehen. Und das, obwohl sie bekannt sind und Werbung schalten. Doch eine Sache wird dir klar: Mit der Menge an Verkäufen und Fans kannst du keine großen Sprünge machen. Ohne Umsatz, kein Cashflow. So einfach ist die Gleichung nun mal.

Verzweifelt springst du vom Schreibtisch auf und brüllst: „Warum kauft keiner meinen Scheiß?!" oder: „Warum interessiert sich niemand für meinen Scheiß?!"

Ob du nun diese Worte wählst, andere Worte gebrauchst oder ganz ruhig bleibst: Das Grundproblem bleibt gleich.

Doch was ist die Antwort auf die verbal ausgerufene Frage?

Meine Antwort ist ganz klar: unklar. Beziehungsweise, meine Antwort auf diese Frage ist die Antwort, die jeder hasst, der eine klare Frage stellt und eine klare Antwort braucht: „Es kommt darauf an!"

„Ja, aber WORAUF DENN? – VERDAMMT NOCHMAL!"

In der Vergangenheit habe ich viele Fehler gemacht – sehr viele. Und ich werde weitere Fehler machen. Diese Fehler sind unterschiedlicher Natur. Ob es nun Fehlentscheidungen, falsche Ausführungen, unrealistische Erwartungen, die falschen Zeitpunkte, die falschen Orte, die falschen Menschen oder ungenutzte Gelegenheiten waren. Die Liste lässt sich beliebig weiterführen und eins kann ich dir sagen: Ich habe alle Kategorien durch, ALLE!

Das, was ich dir in diesem Buch beibringen werde, ist, dass du dein Business betrachtest und anders wahrnimmst. Du wirst in der Lage sein, Abstand zu nehmen und die Stellschrauben erkennen, die du drehen musst, um dein Ziel zu erreichen oder um neue Entscheidungen zu treffen. Diese Entscheidung kann sogar sein, dass du dein Geschäft aufgibst und zurück ans Zeichenbrett gehst. Im ersten Moment klingt das wirklich demotivierend. Aber seien wir doch mal ehrlich: Gibt es etwas Schlimmeres als Zeit mit dem falschen Projekt zu verschwenden, um dann trotzdem einen Bauchklatscher hinzulegen? – Zieh lieber gleich die Reißleine, bevor es schmerzhaft wird.

Du wirst dein Ziel, was auch immer es sein mag, erreichen. Du wirst es mit Motivation, Freude und mehr Erfolg erreichen, als du es dir vorzustellen wagst. Verschwende also deine Zeit nicht mit Nebenschauplätzen oder Konzepten, die eigentlich nie deine waren oder zu deinen Vorstellungen gehört haben. Das musst du verstehen, um deine Ziele zu erreichen. Jeder Mensch ist individuell und einzigartig. Darum muss jeder seinen eigenen Weg des Erfolges gehen. Einem anderen zu folgen, mag leicht klingen, man verleugnet sich jedoch selbst und verliert sich dabei. Jeder Mensch arbeitet nach seinen eigenen zeitlichen Gegebenheiten. Egal ob du mit Anfang zwanzig schon Millionär bist oder mit Ende fünfzig deine Transformation beginnen lässt. Egal wie deine Beweggründe sind und egal wie deine Zeitgestaltung aussieht: Du bist nicht zu spät, du bist nur auf deinem eigenen Weg. Vergleiche dich also nicht mit anderen, sondern mach dein Ding. Sobald du das verstehst, steht dir die Welt offen. DIR steht die Welt offen und nicht einer billigen Kopie, die du zu sein versuchst.

Beginnen wir jetzt damit, die großen Lügen unserer Zeit aus dem Weg zu räumen!

Teil 2 – Mit den Lügen aufräumen

Stell dir vor, du scrollst im Internet und möchtest eigentlich nur ein Video schauen. Du stößt plötzlich auf eine Anzeige, die dir all deine Träume verspricht. Ein zwanzigjähriger Typ fährt in seinem Porsche vor und sagt, dass er „voll easy" reich geworden ist und all seine Träume wahr geworden sind. Du bist interessiert und fragst dich, wie der junge Mann das geschafft hat. Also klickst du auf die Anzeige und landest auf einer Seite, auf der du darum gebeten wirst, deine E-Mail-Adresse und deine Telefonnummer einzutragen, um eine leicht umzusetzende Schritt-für-Schritt-Anleitung zu erhalten. Du tust also das, was dir gesagt wurde und bekommst eine PDF-Datei zugeschickt. Nachdem du diese geöffnet hast, fällt dir auf, dass nichts, aber auch GAR NICHTS Neues in der Datei steht. Von allem hast du irgendwann schon einmal gehört. Der Text in der Datei endet damit, dass du zu einem Kurs eingeladen bist, in dem dir der Weg zum Erfolg genau beschrieben wird.

Kleiner Tipp am Rande: Mach ab dem Punkt nicht weiter. Der Onlinekurs, den du bekommst, wird in einer miserablen Qualität sein und dir nichts beibringen. In der Regel ist das sogenannte Freebie (also das PDF) ein gutes Foreshadowing, was dich erwartet. Du ärgerst dich darüber, dass du möglicherweise einen Haufen Geld verschwendet hast, den du in gute Bücher oder Onlinekurse mit konkretem Skill-Ziel hättest investieren können.

Ich mache dir keinen Vorwurf, denn das passiert jedem von uns mal. - Ja, auch (und vor allem) mir!

Darum finde ich es wichtig, dass ich gleich am Anfang mit den Lügen aufräume, die dir von den Anbietern von entsprechenden Produkten erzählt werden. Erst wenn du die Lügen als Lügen enttarnst, ist dein Blick frei und du kannst dich auf die Dinge fokussieren, die dich wirklich voranbringen.

Ein interessanter Fakt an der Stelle: Die Werbeanzeigen, die ich eben beschrieben habe, arbeiten mit einer ziemlich perfiden Marketingpsychologie, die man im Copywriting nutzt. Zu tief möchte ich an der Stelle nicht in die Thematik gehen, aber es wird in erster Linie mit dem Benefit argumentiert, den das Produkt nicht liefern kann. Es wird behauptet, dass der Kunde XY in nur einer Woche einen Umsatz von 5 Millionen erzielen konnte. Dazu sage ich: „Cool, Bruder. Wie sieht es mit den tausend anderen Kunden aus, die deinen Kurs gekauft haben?"

Sei also gewarnt!

Demotivierende Fakten

Wer ein Geschäft startet, hat es heute leichter als jemals zuvor. Man braucht heute kein großes Startkapital mehr. Viele Geschäfte starten sogar, ohne einen Cent investiert zu haben ganz bequem von zu Hause aus. Dieser Umstand ist zum einen super, weil du von jetzt auf gleich ein Business starten kannst. Das Problem ist nur: Andere haben dieselben Möglichkeiten und buhlen ebenso um Aufmerksamkeit von potenziellen Kunden wie du.

Der Markt, insbesondere in der Onlinewelt scheint übersättigt zu sein. Neue Social-Media-Kanäle, Agenturen, Dienstleistungen, digitale Produkte, Podcasts, Bücher, Videokanäle und Blogs schießen aus dem Boden, als gäbe es kein Morgen. Erst wenn du auf den Markt triffst, beginnt deine Arbeit, denn hier zeigt sich, ob deine Idee Potenzial hat. Hier entscheidet sich, ob du dein Business langfristig hältst oder nach ein paar Wochen aufgeben musst.

Ein Großteil der gestarteten Geschäfte gibt schon nach kurzer Zeit auf oder scheitert sogar gänzlich aus finanziellen Gründen. Mit Podcasts ist es beispielsweise wie mit neuen Netflix-Serien: Sie werden mit großen Ambitionen gestartet und nach ein paar Folgen wieder eingestellt. Es gibt viele Podcasts, die ihre zehnte Folge nicht erleben. Der Grund hierfür kann unterschiedlich sein. Manchmal hat sich der Produzent verschätzt und merkt in der Praxis, dass es mehr Arbeit ist, als er erwartet hatte. Manchmal ist der Produzent auch einfach demotiviert, weil seine Folgen nicht angehört werden. Was auch immer der Grund ist, Fakt bleibt, dass Projekte, die mit großen Ambitionen starten, schnell abebben können.

Doch woran liegt das konkret? Stellen wir uns einmal vor, du bist der Produzent von einem Podcast. Du hast dir ein spannendes Thema herausgesucht, von dem du garantiert nicht müde wirst. Du nimmst deine ersten drei Folgen direkt in einem Durchgang auf und lädst sie auf eine Distributionsplattform hoch. Nach ein paar Tagen schaust du in deine Statistik und du siehst, dass dir keiner zuhören wollte. Du hast doch eine super Arbeit gemacht, oder? – Du hattest Spaß an der Sache und super Themen! Warum hat ihn sich keiner angehört?

Um der Antwort auf diese Frage näherzukommen, müssen wir uns ein Modell anschauen, das ich im Studium gelernt habe und sehr spannend finde. Es beschreibt sehr genau, an welchem wirtschaftlichen Punkt wir uns gerade befinden. Das Modell heißt „Aufmerksamkeitsökonomie". Einer der bekanntesten Wissenschaftler in diesem Bereich ist wahrscheinlich Georg Franck, der die menschliche Aufmerksamkeit als eine neue Form der Währung bezeichnet. In der heutigen Zeit, in der wir mit Informationen überflutet werden, wird dieses Modell immer deutlicher. Die Menschen haben eine immer geringer werdende Aufmerksamkeitsspanne. Kurznachrichten und TikTok, sowie „Shorts" (also kurze Videos und keine Hosen) haben unsere Aufmerksamkeitsspanne drastisch verkürzt. Unser Gehirn sucht nach einem schnellen Adrenalinrausch und einer schnellen Befriedigung. Wir schauen uns kurze Videos an und finden unsere Befriedigung genau in dem Schauen dieser Videos. Wir lenken die Aufmerksamkeit von einer Sache zur anderen und lassen uns schnell ablenken. Das kann man vor allem auf der Arbeit und im Hörsaal beobachten. Wenn unser Gehirn die Information „kenne ich schon" abgibt, greifen wir nach dem Handy, um unsere geistige Befriedigung in anderen Dingen zu suchen. Es ist übrigens das gleiche Zusammenspiel wie bei Drogensüchtigen. Im Prinzip laufen wir alle der kurzweiligen Befriedigung und dem Adrenalinkick hinterher.

Was hat diese Erkenntnis nun aber mit unserem Podcast zu tun? Sehr viel: Menschen suchen zwar den Kick und reden sich ein, etwas Neues zu wollen. Tatsächlich bleiben sie aber in ihren bekannten Mustern und wollen ihre Aufmerksamkeit nur dem schenken, was sie schon kennen, damit sie nicht enttäuscht werden. Das heißt für dich als Podcastproduzent, dass du es schwer haben wirst, deinen neuen Podcast zu positionieren und deine Hörerschaft einzufangen. Ist es deswegen unmöglich? – Nein!

Andere haben eine Marke, die die Aufmerksamkeit deiner Zielgruppe einfängt. Das heißt aber nicht, dass du dir keine eigene Marke aufbauen und deine eigene Hörerschaft finden wirst. Was genau ich damit meine und wie du diese Marke aufbauen kannst, werde ich dir an einer späteren Stelle in diesem Buch zeigen.

Eine weitere unfaire Wettbewerbsverzerrung ist, dass andere Podcastproduzenten ein riesiges Team im Rücken haben. Sie haben bereits eine große Zuhörerschaft und können sich deswegen professionelle Editoren und Marketingexperten leisten. Wenn du kein großes Budget hast und gerade erst startest, wird dir bewusst, dass du gegen diese Riesen antreten musst. Das gilt im Übrigen nicht nur für die Produktion eines Podcasts, sondern für alle Arten von Geschäften!

Nachdem dich diese Wahrheit überrollt hat und du taumelnd zu Boden fällst, wird dir eine Sache klar. So leicht wie du es erwartet hast, wird es nicht. Und ganz ehrlich: Wenn es leicht wäre, könnte jeder Idiot ein erfolgreiches Business starten! Dann wäre jeder ein Millionär oder gar Milliardär. Die Praxis sieht aber anders aus. Wir haben Millionen von Menschen, die ein Projekt mit viel Potenzial starten und es dann aus verschiedenen Gründen aufgeben. – Das ist der Stand der Dinge.

Online-Gurus lügen

Ja, ich beiße mich daran fest, denn ein Geschäftsmodell auf der Basis von Hoffnungen aufzubauen, die man seinen Kunden nicht erfüllen kann, finde ich einfach nur schäbig und unterste Schublade. Du siehst diese Menschen, die großkotzig erzählen, dass sie ein erfolgreiches Geschäft aufgebaut haben und Millionäre geworden sind. Das Geschäft ist ihnen natürlich einfach so zugeflogen, denn sie hatten einen Geistesblitz. Jetzt haben sie genug verdient und lassen dich großzügigerweise teilhaben. Und das alles im Austausch gegen deine E-Mail. Wenn du dann ein Dreißig-Minuten-Video gesehen hast, in dem ganze zwei Minuten über das Geschäft geredet und achtundzwanzig Minuten Referenzen durchgekaut wurden, darfst du sogar für einen „reduzierten Preis" von „nur" achthundert Euro ein Online-Kurspaket kaufen. Ist das nicht wunderbar? – Ironie off…

Ich war Copywriter und es war meine Aufgabe, Texte zu schreiben, die dich emotional einfangen. Texte, durch die in dir ein Verlangen nach einem Produkt geweckt werden soll, das du letztendlich kaufst. Selbstreflektierend war das bei dem einen oder anderen Produkt in der Form vielleicht nicht ganz angebracht. Es gibt einen Unterschied zwischen einem Text, der in dir Sehnsüchte weckt, die (rein hypothetisch) wirklich durch das Produkt befriedigt werden, die sie bewerben und... was auch immer die Online-Gurus machen.

Zu Anfang habe ich das Buch von Tim Ferriss genannt, in dem der Autor ein Business vorstellt, bei dem im hochpreisigen Segment Coachings angeboten werden. Wenn diese Coachings wirklich einen Nutzen haben, ist dagegen nichts einzuwenden. ABER: Die meisten Online-Gurus, die man im Netz finden kann, sind die schäbigste Ausprägung dieses Segments.

Ich bin ein großer Fan von Büchern (was du nicht sagst) und Onlinekursen. Ich mag es, Videos zu produzieren und anderen Menschen dadurch zu helfen. Es gibt nichts Schöneres, als Content zu schaffen, der anderen einen Nutzen stiftet. Warum sollte ich für diese Hilfe nicht auch Geld verlangen dürfen? Denn schließlich möchte ich ja auch einen Gegenwert haben. Insofern ist Coaching und Onlinekurse ein legitimes Geschäft, das ich sowohl aus der Produzenten- als auch der Kundenperspektive gerne nutze. Das Wichtigste bei diesen Inhalten ist aber, dass das Lernziel und das, was der Leser/Zuschauer zu erwarten hat, tatsächlich erreichbar ist.

Wer sich in einen Photoshop-Kurs einschreibt, der erwartet, dass er dort Photoshop lernt und das Programm später besser beherrscht als vorher. Das ist das Lernziel und die meisten Kurse und Bücher in diesem Bereich halten es ein. Warum auch nicht? Es ist kein Hexenwerk, jemandem eine Software nachvollziehbar erklären zu können. Das Gleiche ist mit dem vorliegenden Buch (hoffe ich zumindest). Ich werde dir mit diesem Buch mögliche Fehlerquellen aufzeigen, damit du diese vermeiden kannst und ein erfolgreiches Business gründen kannst. Unabhängig davon, wie du Erfolg definierst. Ich gebe mein Bestes, dir all mein Wissen zu dem Thema zu geben und erhalte dafür als Gegenleistung meine Tantiemen. Ich verspreche dir nichts, was ich nicht einhalten kann. Selbst wenn das Buch den gewünschten Erfolg nicht bringen sollte, habe ich dennoch mein Bestes gegeben (das garantiere ich dir).

Es ist jedoch etwas Anderes, wenn jemand eine Traumwelt aufbaut, die du in der Form wahrscheinlich nicht erreichen wirst. Willst du nicht auch Geld ohne Ende haben? Mit deinem Ferrari durch Dubai cruisen? Den teuersten Schmuck und die coolste Sonnenbrille tragen? Ja? – Gut, dann hör nicht auf Online-Gurus.

Dieses Geschäftsmodell lebt davon, dir dieses Ziel als leicht erreichbar zu verkaufen. Du brauchst zur Zielerreichung „nur" diese mega simple, aber einleuchtende Strategie, auf die von all den Menschen auf der Welt, die einen Internetzugang haben, noch niemand gekommen ist, außer dieser Schulabbrecher mit dem Silberblick, der jetzt so gütig ist und einer ausgewählten Gruppe, zu der du für achthundert Euro gehören darfst, jetzt dieses Geheimnis anvertraut…

Ich sage es ganz ehrlich: Es ist NICHT unmöglich, dass du dieses Ziel erreichst. Ich glaube ganz fest daran, dass du alles erreichen kannst, was du dir vornimmst. Das erfordert allerdings harte Arbeit, eiserne Disziplin, ein Mindset aus Stahlt und… dich!

Denn das ist die Crux an der Sache. Ich glaube durchaus, dass die Testimonials und Referenzen von den Gurus echt sind. Ich glaube, dass man tatsächlich mit der verkauften Schablone reich werden kann und die Ziele erreicht, die man sich gesteckt hat. Die Menschen in den Videos erzählen darüber, wie super sie betreut wurden und wie klasse alles funktioniert hat. Sie scheuen sich auch nicht, ihre Erfolge zu zeigen. Es mag sein, dass das alles stimmt.

Die Lotto-Gesellschaft kann auch super Testimonials von Menschen haben, die einfach nur einen Schein ausgefüllt haben und Millionäre geworden sind. Es gibt davon hunderte in Deutschland. Kann man das vergleichen? – Ja, kann man und sollte man, damit man erkennt, was die Gurus für Lügner sind!

Wenn man eine Schablone hat und man alles tut, was diese Schablone vorgibt, dann wird man nicht reich. Die Anforderungen können alles sein und man kann alles richtig machen und trotzdem sein Ziel verfehlen. Wie schaffen es also die Testimonials der Gurus? – Ganz einfach: Sie sind die Menschen, bei denen es funktioniert hat. Sie sind die Menschen, die den Lottoschein ausgefüllt haben und durch Zufall die richtigen Kreuzchen gemacht haben. Die Gurus haben aber auch Kunden, die all ihre Ersparnisse verloren haben und bis heute vergeblich auf ihren Erfolg warten. Über die spricht man natürlich nicht. Die haben womöglich etwas falsch gemacht. An der Schablone kann es nicht liegen, die ist ja so super einfach…

Die Wahrscheinlichkeit, dass man im Internet auf eine Schablone von Gurus stößt, die tatsächlich zu einhundert Prozent zu einem passt und man reich wird, ist in etwa so hoch, wie im Lotto zu gewinnen. Man spricht nur einfach nicht darüber. Lotto ist zudem günstiger: ein Feld nur ein paar Euro, eine unpassende Schablone mehrere hundert.

Es geht also nicht darum, dass du den Weg gehst, den jemand anders gegangen ist und ihn erfolgreich gemacht hat. Natürlich kannst du dich inspirieren lassen. Das Wichtigste ist jedoch, dass du DU bleibst und deinen eigenen Weg vorzeichnest. Der Weg, mit dem du erfolgreich wirst, ist der Weg, mit dem NUR du erfolgreich wirst. Du kannst zwar einem anderen davon erzählen und ihn inspirieren. Trotzdem muss er seinen eigenen Weg finden. Es ist wichtig, dass du das verstehst.

Das letzte Argument, das unseren lieben Gurus hierbei endgültig das Genick brechen dürfte, ist das gleich Folgende. Mit diesem Argument kannst du im Übrigen auch erkennen, ob es sich bei der Werbung um eine Guru-Betrugsmasche oder eine Werbung für ein legitimes Informationsprodukt handelt. Stelle dir die Frage: Wenn das beworbene Geschäftsmodell wirklich eine „Gelddruckmaschine" ist, warum hat der Guru es überhaupt nötig, dir für einen überteuerten Preis einen grottenschlechten Kurs zu verkaufen? Also wenn ich etwas Herausfinde, mir über Geld keine Sorgen machen sollte und der Welt etwas zurückgeben möchte, dann schreibe ich doch ein Buch und arbeite mit einem Verlag zusammen, um mein Wissen zu einem angemessenen Preis weiterzugeben und trotzdem noch was daran zu verdienen. Am lustigsten finde ich diese Werbetreibenden, die einem in der Werbung sagen, sie hätten die Lösung für die Kundenakquise gefunden und brauchen keine Internetwerbung mehr. Das erzählen sie einem alles in… ja, genau: Der Internetwerbung. Peinlicher geht's nicht.

Eine Sache, die du ebenso verstehen musst, ist, dass es einen Unterschied (und zwar einen großen) zwischen den in diesem Kapitel angesprochenen Online-Gurus und Coaches gibt. Der entscheidende Unterschied besteht darin, dass die Online-Gurus dir ein vorgefertigtes Produkt präsentieren, das angeblich „den Erfolg" bringen soll. Es ist einfach ein Produkt von der Stange, das keinen unmittelbaren Mehrwert für dich bringt, wenn du nicht rein zufällig genau die Person bist, zu der es passt. Die Wahrscheinlichkeit, dass das zutrifft, ist in etwa so hoch wie ein Lottogewinn. Coaches auf der anderen Seite sind Menschen, die sich mit dir austauschen und dir bei Entscheidungen zur Seite stehen, dich motivieren und für dich ein Anker sind, wenn du aufgeben willst. Diese menschliche Verbindung ist richtig und wichtig, auch wenn logischerweise ebenfalls ein Geschäftsmodell dahintersteht. Der entscheidende Unterschied ist, dass die Lösungen von einem Coach auf dich zugeschnitten sind und dich Schritt für Schritt deinem Ziel näherbringen. Den letzten Schritt zu deinem Ziel machst du allein und nur du.

Coaches können auch Menschen sein, die dir nahestehen wie Freunde und Familie. Achte bei der Wahl deines Coaches darauf, dass er dir wirklich Gutes will und mit dir wächst. Du musst herausfinden, wer dich wirklich unterstützt und dich nicht im schlimmsten Fall sogar demotiviert. Demotivatoren können tatsächlich auch in deiner eigenen Familie oder deinem Freundeskreis lauern.

Um dich zu motivieren, brauchst du Fähigkeiten und Motivatoren. Die Fähigkeiten und die Motivation kannst du dir nur selbst aneignen, die kann dir leider niemand in den Schädel pflanzen. Genau aus diesem Grund existieren Bücher und Kurse mit einem exakten Lernziel. Wenn du deine Fähigkeiten im Zeichnen ausbauen willst, dann besuche einen Zeichenkurs, schreibe dich in einen Onlinekurs ein oder lese ein Buch zu dem Thema. Das Gleiche mit Motivation: Fülle deinen Geist mit positiven Gedanken und Ideen und motiviere dich selbst. Dafür sind Bücher, Videos und Podcasts in dem Bereich gemacht. Nutze sie, wenn du dich demotiviert fühlst. Du wirst merken, dass die Motivation langsam, aber sicher kommen wird. Es gibt so viele Dinge, die für deinen Weg nützlich sein werden. Nutze sie als Werkzeuge, um deinen eigenen Weg zu gehen. Nimm mit, was du brauchen kannst. Werfe weg, was dich stört, behindert oder rückwärts gehen lässt. Wenn du menschliche Unterstützung brauchst, kann dir ein Coach oder ein Mentor helfen, der deine Situation kennt, dich unterstützt und dir Feedback für deinen Weg gibt. Er kann wie ein

Trainer fungieren. Die Goldmedaille wirst du dir aber
selbst erkämpfen müssen.

Die Lüge des passiven Einkommens

Ein Aufhänger, mit dem sich viele Menschen beschäftigen
und der auf sie wie „der heilige Gral der
Selbstverwirklichung" klingt, existiert in Wirklichkeit gar
nicht. Passives Einkommen ist eine Lüge. Das einzige
passive Einkommen, was es gibt, ist eine gewonnene
Sofortrente und vielleicht Arbeitslosengeld für
Langzeitarbeitslose. Letzteres hat aber nichts mit
finanzieller Freiheit zu tun, sondern ist sogar das exakte
Gegenteil.

Lass es mich klarstellen: Passives Einkommen existiert
nicht, finanzielle Freiheit und finanzielle Fülle hingegen
schon. Das, was viele Menschen als „passives
Einkommen" bezeichnen, kann aber der Schlüssel für
finanzielle Freiheit und finanzielle Fülle sein. Das klingt
im ersten Moment etwas paradox, aber ich werde es dir
gleich näher erklären.

Der Begriff „passives Einkommen" ist eine Lüge, weil er
Erwartungen weckt, die einfach nicht erfüllt werden
können. Mein BWL-Lehrer hätte mir gesagt: „Das ist wie
das Minimaxprinzip: Minimaler Aufwand, maximaler
Ertrag geht nicht. Denn wenn du dich mehr anstrengen
würdest, würdest du mehr Ertrag haben und dann wäre
der Ertrag des minimalen Aufwands nicht der ‚maximale
Ertrag'." Man kann nicht einfach sagen, dass man einen

Schalter umlegt und das Geld durch die Tür in deinen Geldbeutel fliegt. Jede Einkommensform ist eine Form von aktiven Einkommen. Bei der einen Art merkt man es mehr, bei der anderen weniger. Selbst die Verzinsung deines Vermögens auf dem Tagesgeldkonto ist kein passives Einkommen, denn die Entscheidung, es dort liegenzulassen und es nicht auszugeben, ist eine aktive Entscheidung, die zur Geldvermehrung führt. Dividenden sind auch kein passives Einkommen und das aus zwei Gründen. Zum einen hast du die aktive Entscheidung getroffen, diese Aktien zu kaufen. Zum anderen ist das Geld, das das Unternehmen ausschüttet, vorher von dem Unternehmen und seinen Mitarbeitern erarbeitet worden. Du wirst als Teilhaber dafür belohnt, dass du das „Risiko" eingehst, dein Geld in das Unternehmen zu investieren und es bedankt sich auf diesem Wege dafür. Woher kommt dein investiertes Geld? – Aus aktiver Arbeit oder einer vorher aufgebauten Rücklage.

Auch das Schreiben von Büchern und das Einnehmen der Tantiemen, das Erstellen von Audiobooks, Podcasts, Onlinekursen und anderen digitalen Produkten ist kein passives Einkommen. Zwar erstellst du einmal ein Produkt und kannst langfristig einen Cashflow daraus generieren, jedoch ist der Cashflow von zwei Komponenten abhängig. Die eine Komponente ist, dass du Vorarbeit leistest und das Produkt erstellst. Rechne doch spaßeshalber um, wie lange du für die Erstellung eines digitalen Produktes benötigst und multipliziere es mit deinem typischen Stundenlohn. Du wirst erkennen, dass du auf langfristige Sicht ungefähr so viel Geld einnimmst, wie wenn du die Zeit mit abhängiger Beschäftigung oder einem Freelanceprojekt verbracht hättest. Ärgerlich ist es dann, wenn du sogar weniger Geld verdienst. Dann hättest du in der Zeit auch ein anderes Projekt machen können. Das ist in diesem Bereich verdammt oft. Wenn du Glück hast, kannst du auf lange Sicht sogar mehr verdienen als dein Stundenlohn. Es ändert aber nichts an der Tatsache, dass du in eine extreme Vorleistung gegangen bist, von der du letztendlich nicht weißt, ob sie sich tatsächlich auszahlt. Die andere angesprochene Komponente ist, dass du arbeiten musst, um den Cashflow am Laufen zu halten. Wenn du einen Podcast machst, erwarten deine Fans neue Folgen, wenn du einen Onlinekurs machst, erwarten deine Kunden Aktualisierungen und wenn du ein Buch schreibst, musst du trotzdem Marketing machen, um deine Reichweite zu erhöhen.

Diese beiden Punkte ziehen sich durch jede Art von dem Einkommen, was einem als „passiv" verkauft wird.

Ich möchte aber mit dem Begriff trotzdem nicht allzu hart ins Gericht gehen. Schließlich beschreibt er etwas, das dich zu finanzieller Freiheit führen kann. Die Ideen und Geschäftsmodelle, die unter „passives Einkommen" verkauft werden, sind zwar alles andere als passiv, allerdings mit viel Freiheit verbunden. Wenn du zur Arbeit gehst, dann erwartet dein Chef oder Auftraggeber, dass du pünktlich da bist, deine Arbeit machst und deine Zeit für den Job aufwendest. Das gilt auch, wenn du Selbstständiger bist wie ein Arzt, Physiotherapeut oder

Softwareentwickler. Es wird von dir erwartet, dass du da bist und Leistung bringst. Bei den Geschäftsmodellen, die als „passive Einkommen" laufen ist es eben nicht so. Du kannst an deinen Einkommensmöglichkeiten arbeiten, wenn du Lust dazu hast. Du arbeitest so lang oder kurz, wie du es möchtest. Du hast freie Zeiteinteilung, denn du arbeitest für dich selbst. Das ist wahrscheinlich die wichtigste Komponente, die ich dir hier nennen kann. Du arbeitest für dich selbst; nicht für einen Chef, nicht für einen Kunden, sondern für dich und deine Freiheit. Das ist der große Unterschied, weswegen ich diese Möglichkeiten liebe und regelmäßig neue Dinge produziere. Wenn meine Projekte anderen helfen, dann macht mich das auch glücklich. Auch aus finanzieller Betrachtung versteht sich.

Weitere gute Punkte an „passivem Einkommen" (oder wie man es eher nennen sollte: „Einkommen mit zeitversetztem Ertrag") sind die hohe Skalierbarkeit der Projekte. Gerade im Bereich der digitalen Produkte bist du verkaufstechnisch nicht an Zeit, Ort oder Produktionskapazität gebunden. Du kannst von überall ein Produkt erstellen und Verkaufen. Der Verkauf passiert dabei sogar über Nacht. Da bekommt der Begriff „im Schlaf Geld verdienen" eine ganz neue Bedeutung. Du kannst dir deinen Einkommensfluss zudem auch nebenberuflich einrichten. Starte einfach am Feierabend ein Projekt und arbeite regelmäßig daran. Statt auf Netflix eine Serie zu bingen kannst du nach der Arbeit kreativ werden und einem Hobby nachgehen, das dir Freude bereitet.

Insofern: Ja, passives Einkommen ist super, auch wenn der Begriffe irreführend ist. Es gibt keinen Grund, es nicht zu versuchen. Natürlich ist es nicht unwahrscheinlich, dass deine Projekte scheitern. Das kann immer mal passieren und man ärgert sich über die Zeit, die man dafür aufgewendet hat. Aber du hast was gelernt. Du hast in dieser Zeit mehr gelernt, als du beim Schauen einer Serie jemals gelernt hättest. Das ist eine weitere Sache, die du für dich verstehen musst.

Das Gesetz und der Rotstift

Der Spielverderber trägt Anzug oder Robe. Geht es dir nicht auch manchmal so, dass du eine grandiose Geschäftsidee aus einem amerikanischen Video hast? Du bist drauf und dran, diese Geschäftsidee umzusetzen, eröffnest schon erste Werbekanäle oder einen Shop, um dann festzustellen, dass das Geschäftsmodell in Europa eine rechtliche Grauzone darstellt oder sogar gänzlich verboten ist?

Aber nicht nur Gesetze können Spielverderber sein. Auch die Allgemeinen Geschäftsbedingungen (AGB) der Plattformanbieter wie Amazon, YouTube, etsy, Fiverr und Co. Können dir einen Strich durch die Rechnung machen. Dabei brauchst du noch nicht einmal gegen geltendes Gesetz verstoßen. Auf YouTube oder in Blogs findet man viele Geschichten von erfolgreichen Businessinhabern, die mit einer Plattform tausende Euro umgesetzt haben und von heute auf morgen vor dem Nichts standen, weil die Plattform sie wegen eines Verstoßes gegen die AGB vor die Tür gesetzt hat. Diese Fälle sind häufiger als man meinen könnte und auch mir sind diese Verstöße hin und wieder passiert. Wichtig ist in so einem Fall allerdings, dass man ein Backup hat und seine kompletten Einnahmen nicht nur auf diese eine Plattform stützt. Es geht vielmehr darum, eine wiedererkennbare Marke zu entwickeln, die mit dir verbunden wird und dir keiner (so leicht) wegnehmen kann. Wie genau du das tust und wie das Backup aussehen kann, werden wir später behandeln.

Um dich aber vorerst vor Sanktionen von Plattformen zu schützen, musst du etwas tun, was kaum ein anderer tut. Es ist eine Tätigkeit, die dir die Augen öffnet, dich in Sicherheit wiegen kann, dein Geschäftsmodell von einer völlig neuen Seite beleuchtet und dich von vielen anderen Anbietern absetzen wird: Lese dir die AGB sorgfältig durch! Du musst sie ohnehin bestätigen. Viele Menschen unterschreiben einfach einen Vertrag, ohne seine Inhalte zu kennen. Das kann mal gut gehen und man freut sich über die gesparte Zeit. Wenn es aber dumm kommt, was nicht selten der Fall ist, ist ein nicht sorgfältig gelesener Vertrag die größte Geldverbrennungsanlage, die man sich vorstellen kann. In dem Zusammenhang möchte ich ein Zitat von Warren Buffett humoristisch umschreiben: „Wie wird man am schnellsten Millionär? – Indem man als Milliardär seine Verträge nicht liest." (Im Original ging es um eine Airline)

Die Allgemeinen Geschäftsbedingungen sind Verträge, die Nutzer und Anbieter mit den Plattformen eingehen. Das muss man an der Stelle verstehen. Basierend auf den AGB werden die Geschäfte abgewickelt. Warum also nicht lesen? Es beugt Rückschläge vor und kann dich sogar vor der einen oder anderen juristischen Strafe bewahren.

Das Urheberrecht ist übrigens auch böse, zusammen mit seinem besten Freund dem Markenrecht, treibt es regelmäßig Businessgründer in den Ruin. Aber stimmt das wirklich? Es ist so eine Sache. Es gibt vor allem auf YouTube viele Contentproduzenten, die wegen Urheberrechten abgemahnt wurden oder sogar ihren Kanal schließen mussten. Meinem allerersten YouTube-Kanal von 2006 ist das sogar passiert, sodass ich ihn ein Jahr später neu gegründet habe. Abmahnungen bekommt man auf YouTube dann, wenn man Material verwendet, das man nicht selbst produziert hat und auch keine Lizenz erworben hat und deren Verwendung auch nicht unter das Zitierrecht fällt.

Betrachten wir es jetzt von der anderen Seite. Stell dir vor, du produzierst einen Film, in den du viel Arbeit hereinsteckst. Herzblut und Schweiß fließt in die Produktion. Du veröffentlichst deinen Film, damit du Geld damit verdienen kannst. Irgendwer findet deinen Film im Internet, lädt ihn runter und macht Geld mit DEINER Arbeit. Fändest du das fair? Das Urheberrecht ist das Gesetz, das dich vor genau diesem Diebstahl schützt. Es ermöglicht dir, dass du dein Recht und vielleicht sogar Schadensersatz erhältst. Ohne dieses Gesetz ist das alles nicht möglich. Aus diesem Grund solltest du das Urheberrecht eher als ein Geschenk als eine Gefahr betrachten.

Jetzt ist es aber so, dass dieses Gesetz hin und wieder im Weg stehen könnte. Neulich habe ich einen Videobeitrag von einer Designerin gesehen, die ihr Geld mit Tassen- und T-Shirt-Designs verdient hat. Sie verkaufte Shirts mit Harry-Potter-ähnlichen Motiven und sogar einer ähnlichen Schriftart. Obwohl sie die Designs selbst erstellt hatte, wurde sie von Warner Bros. (dem Rechteinhaber) gemeldet und musste ihr Business (zumindest auf der Plattform mit diesen Designs) aufgeben. Tausende Euro sind ihr durch diese eine Meldung durch die Lappen gegangen. Juristen würden sogar sagen, dass sie froh sein kann, dass Warner nicht noch weiter gegangen war und einen Schadensersatz in Form von einer überhöhten Gewinnbeteiligung gefordert hatte.

Wie ist das Ganze auf Businessebene zu bewerten? Es ist für die Designerin ärgerlich, keine Frage. Sie verliert ihr Geschäft und damit eine wichtige Einnahmequelle. Diese Geschichte ist bei Weitem kein Einzelfall. Sie hätte doch eigentlich wissen müssen, dass Designs, die so nah an dem Material von Harry Potter sind, zu Problemen führen können. Warum hat sie es also gemacht? – Der Grund, warum sie und viele andere Geschäftsleute in diese Falle tappen ist: Weil es leicht ist! Fans von den Franchises suchen aktiv nach Merchandise von Harry Potter und finden dann die Produkte unserer Designerin. Dadurch bekommt sie mehr Traffic als mit ihren eigenen Designs. Sie reitet also auf der Welle des Erfolgs der Serie ohne, dass Warner oder J.K. Rowling dafür Geld bekommen. Jetzt sagt man vielleicht „Warner und Rowling haben doch genug Geld damit gemacht; warum sollte man es einem kleinen Creator nicht auch gönnen?" – Ganz einfach: Weil das Ganze nicht so funktioniert. Es ist weder definiert, was „genug" ist, noch ist es anderen „Originalanbietern" gegenüber fair. Es ist einfach ein faules Geschäftsmodell, sich an Urheber- und Markenrechte von anderen dranzuhängen.

Soll ich dir einen Tipp verraten? Du kannst dieses faule Geschäftsmodell sogar völlig legal nutzen. Es gibt zwei Möglichkeiten, wie du das machen kannst. Du kannst Lizenzgebühren an die Urheber zahlen (toll, oder?) und du kannst gemeinfreie Werke nutzen. Gemeinfreie Werke sind Werke, auf die kein Urheberrecht mehr erhoben werden kann. Im Englischen spricht man von „public domain". Hierbei handelt es sich um Werke, von denen der Ersteller bereits seit einem gewissen Zeitraum tot ist und das Werk in das allgemeine Kulturgut der Welt übergeht. Es gilt dabei jedoch zu beachten, dass gemeinfrei nicht gleich gemeinfrei ist. Jedes Land hat hier seine eigenen Regeln. Es ist also ratsam, sich von einem Anwalt oder anderen Rechtsexperten beraten zu lassen. In Deutschland muss der Urheber beispielsweise eine bestimmte Zeit lang verstorben sein, ehe seine Erben keine Ansprüche mehr auf das Werk haben können. In den USA zählt hingegen das Veröffentlichungsdatum. Da man sich in dem Dschungel aus Gesetzen und Rechten schnell verläuft, solltest du also unbedingt mehrere Aspekte betrachten und nicht nur das Urheberrecht. Es kann sogar sein, dass das Urheberrecht an einem Werk schon lange nicht mehr besteht, du es aber trotzdem nicht für dich nutzen kannst, weil entweder Markenrechte nach wie vor gültig sein können oder einer der Erben des Werks eine so enorme Weiterentwicklung an dem Werk vorangetrieben hat, dass er damit die sogenannte Schöpfungshöhe erreicht und dadurch ein „neues Urheberrecht" erzeugt. Das Hauptwerk kann in letzterem Fall tatsächlich gemeinfrei sein, solltest du aber (versehentlich) die Erweiterung des Erben einbauen, kannst du Probleme mit dem „neuen Urheber" (dem Erben) bekommen.

Kurzum lässt sich zusammenfassen, dass du immer auf das aufpassen solltest, was du tust. Sei vorsichtig, was du postest und womit du Geld verdienst. In diesem Kapitel habe ich insbesondere die AGB und die Urheberrechte behandelt. Von den Themen Datenschutz und „Gesetz gegen den unlauteren Wettbewerb" (UWG) mit „irreführender Werbung" und Sonderregeln für Gewinnspiele habe ich noch gar nicht angefangen.

Eine Sache, die ich dir in diesem Zusammenhang aber auch deutlich machen möchte: Es gibt immer einen Weg. Auch wenn du Gesetze wie Urheberrecht, Datenschutz oder UWG (Gesetz gegen den unlauteren Wettbewerb) als eine Einschränkung wahrnimmst, kannst du Lösungen finden, wie du dein Geschäft gesetzeskonform aufbaust. Du musst nur im Hinterkopf haben, dass diese Gesetze existieren.

Zum Scheitern verurteilt?

Fassen wir zusammen, was wir in diesem Abschnitt gelernt haben:

- Es ist heute leicht, sein eigenes Business zu starten
- Weil es so leicht ist, sind viele Märkte übersättigt
- Man buhlt um die Aufmerksamkeit der Zielgruppenmitglieder
- Es gibt keinen schnellen Weg, um reich zu werden
- Lese AGB
- Breche nicht das Gesetz

Eigentlich sehr einleuchtende Lehren, oder? Dir mag der eine oder andere Punkt vielleicht etwas demotivierend vorgekommen sein, doch das sollte dich nicht davon abhalten, das zu tun, was du tun willst. Dein Ziel solltest du jedoch stets im Kopf haben. Jeder Mensch möchte sein Leben verbessern. Jeder Mensch möchte glücklicher, zufriedener, reicher, wertvoller sein. Doch alle wollen nur eine undefinierte Steigerung erfahren. Wenn man jemanden fragt, was er will, antworten die meisten Menschen mit: „Ich will mehr Geld." Du drückst ihm einen Euro in die Hand und fragst: „Und? Ziel erreicht?" Wahrscheinlich wird die Antwort negativ ausfallen, obwohl er einen Euro reicher ist und das Ziel von „mehr Geld" erfüllt sein sollte. Tu dir selbst den Gefallen und lauf nicht in diese Falle der unkonkreten Ziele. Habe stattdessen eine Vision von dir selbst, wo du dich hinbewegen möchtest und wie dein Leben in einer bestimmten Zeit aussehen soll. Das Ausschmücken deines

Lebens wird der Motivator für dich sein, alle Ziele klarer zu sehen und mit dem Arbeiten zu beginnen. Wird es einfach? Natürlich nicht. Es wird aber jede Sekunde deiner Arbeitszeit wert sein. Das verspreche ich dir.

Wenn du weißt, wo du hinwillst und wie dein Leben aussehen soll, weißt du auch, wie du Dinge anzugehen hast. Der Weg mag zwar noch unerschlossen sein und du kannst dich auch verlaufen, jedoch verlierst du dein Ziel nicht aus den Augen. Du wirst ankommen, selbst wenn du zig Umwege nimmst. Du bist zwar nicht schneller am Ziel durch die Umwege, aber dafür reich an Erfahrungen. Du musst dir klar werden, dass du alles, was du tust, für dich ist. Du arbeitest nicht für eine andere Person, sondern für dich und für deinen Erfolg. Du arbeitest dafür, dass du dich in ein paar Jahren an der Stelle befindest, auf die du jetzt hinarbeitest.

Wirst du immer motiviert sein? Natürlich nicht. Jeder hat mal einen schlechten Tag. Jeder hat mal einen Rückschlag. Das ist ganz normal, sollte dir aber nicht den Wind aus den Segeln nehmen. Immer motiviert bei der Sache zu bleiben ist nicht leicht und die wenigsten schaffen es. Ich bin auch nicht immer motiviert. Ich glaube sogar, dass ich im Allgemeinen mehr schlechte Tage als der Durchschnittsdeutsche habe. Dennoch bin ich einen Weg gegangen, auf den ich stolz zurückblicke. Du sicherlich auch. Schau dich jetzt an und vergleiche deine Errungenschaften und das, was du jetzt hast, mit dem Stand, wo du noch vor ein paar Jahren warst. Ich bin mir sicher, dass auch du eine positive Entwicklung hinlegen konntest.

Ich habe mal ein Gedankenspiel gemacht. Als ich von einem Sportevent zurück nach München gefahren bin, habe ich mein Handy geöffnet und eine Anzeige gesehen. „Jetzt noch schnell Tipp abgeben für die Lottoziehung in einer Stunde – 120 Millionen Euro im Jackpot." Da ich den Tag für meinen Glückstag hielt, bin ich natürlich auf die Werbung hereingefallen, habe einen Spielaccount erstellt und meinen Tipp abgegeben. Ich war tatsächlich der Meinung, ich würde den Jackpot gewinnen und malte mir aus, was ich mit dem Geld machen würde. Ich dachte lange nach und mir kamen viele Dinge in den Kopf. Doch als ich die Sache realistisch betrachtete, wurde mir klar: Selbst, wenn ich all die Dinge, die ich im Kopf hatte, kaufen würde, würde sich an meiner Situation nicht viel ändern. Ich wäre sogar schon nach 15 Millionen Euro fertig und hatte noch 105 Millionen Euro an Rücklagen. Klar, die bekommt man auch noch weg, aber darum ging es nicht. Ich würde, statt zur Miete zu wohnen, ein eigenes Haus haben, ich würde dieselben Veranstaltungen besuchen, die ich ohnehin besuche, nur eben mit VIP-Plätzen. Ich machte bereits alles, was mich glücklich machte und was ich tun wollte. Das Geld brauchte ich also eigentlich nur für ein kleines Upgrade, was ich mit viel weniger auch bekommen hätte. Wenn man es genau nimmt, hätte ich sogar nur eine Million oder fünfhunderttausend gebraucht, um alles zu haben, was ich mir monetär wünschte. Eigentlich eine interessante Erkenntnis und gleichzeitig gefährlich. Jetzt stell dir einmal vor, dass du so viel Geld hättest, dass du nie wieder arbeiten bräuchtest. Du kannst tun, was du willst, ohne aufs Geld zu achten. Du brauchst keinen Antrieb in deinem Business mehr, denn wozu arbeitest du dann?

Das Traurige daran ist, dass man in dieser Situation oft die Motivation, den „Drive" verliert. Dabei ist doch genau dieser „Drive" das, was unser Leben ausmacht. Man ist bestrebt, sich stetig zu verbessern. Wenn man aber keinen monetären Anreiz dafür mehr hat, entwickelt man sich zurück. So traurig es auch sein mag, ist Geld das, was die Menschen in unserer Gesellschaft in Bewegung bringt. Mich selbst eingeschlossen. Wenn man plötzlich „unverdient" mehr Geld hat, als man braucht, fragt man sich: „Warum anstrengen?" Das ist ein lebensbedrohender Teufelskreis.

Wenn du dein Geld aber selbst erarbeitet hast, gehst du anders damit um. Dann ist es dein Geld und du weißt, was du gemacht hast, um es zu bekommen. Du weißt, wie hart du gearbeitet hast oder welche Geistesblitze nötig waren, um es zu verdienen.

Vor dem Hintergrund: Finde deinen Drive und lerne, wie du dein Geld selbst verdienst. Im Lotto gewinnen kann jeder oder niemand. Wenn es Glück war, hast du es zwar gewonnen, aber nicht verdient. Du kannst das Geld ausgeben, aber du lernst es nicht schätzen. Du lernst auch nicht, richtig damit umzugehen. Aus diesem Grund gibt es so viele Geschichten von Lottogewinnern, die nach wenigen Jahren schon wieder komplett pleite waren oder gar Schulden hatten.

Ein interessanter Vergleich, der damit zusammenhängt, ist der Folgende, den ich auch unterstütze. Stell dir vor, die Welt wird komplett resettet. Alle Menschen, egal ob arm oder reich bekommen gleich viel Geld. Die Reichen geben ihr Vermögen ab und die Armen werden auf denselben Stand gesetzt. In fünf Jahren werden die Reichen wieder reich sein und die Armen wieder arm. Warum finde ich dieses Gedankenexperiment so interessant? – Weil es deutlich macht, dass Wissen und Erfahrung, wie du einen Weg zu gehen hast, mehr wert sind als das letztendliche Ergebnis. Wenn du also diese Erfahrung hast, kann dir niemand das Geld wegnehmen, was du verdienst. Du bist in der Lage, dein Wissen anzuwenden, um dein Ziel im neuen Umfeld wieder zu verfolgen. Spannend ist dabei, dass sowohl Lottogewinner als auch Millionenerben möglicherweise nach den fünf Jahren nicht zu den Reichen zählen werden, weil sie den Weg des Reichwerdens nicht selbst beschritten haben.

Es liegt also an dir, was du erreichen wirst und was du mit deinem Erfolg tust. Ich bin mir sicher, dass du deinen Weg finden wirst, wenn man dich loslaufen lässt. Wenn du Informationen sammelst, sie bewertest und in die Umsetzung kommst, wirst du deinen Weg gehen. Unabhängig davon, wohin du gehst oder woher du kommst. Wichtig sind dein Ziel und deine Persönlichkeit. In diesem Buch werde ich dich mit Informationen versorgen, die dir bei deiner Weiterentwicklung helfen werden. Welche Informationen du annimmst und was du aus ihnen machst, bleibt dir überlassen. Hinterfrage alles und übernimm das, was zu dir passt. Es gibt wahrscheinlich nichts Schlimmeres, als in einem Business gefangen zu sein, das dir keine Freude bereitet oder das du nicht bist. Menschen stocken und fühlen sich unwohl, wenn sie Dinge tun müssen, die sie nicht wollen oder sogar gegen ihre Prinzipien verstoßen. Wenn du auf so eine Tätigkeit stößt, die absolut nicht zu dir passt oder gegen deine eigenen Prinzipien verstößt, lass sie fallen! Und zwar sofort.

Jeder hat seine individuelle Art und Weise, um die Ziele zu erreichen, die er sich gesetzt hat. So auch du. Es ist mir wichtig, dass du diese Tatsachen verstehst, um die Frage zu beantworten, die dir der Buchtitel stellt. Du wirst verstehen, welche Stellschrauben es für deinen Erfolg gibt und wie du sie einzustellen hast, um erfolgreich zu sein. Erfolgreich meint in diesem Zusammenhang deine persönliche Definition von Erfolg. Nicht die der Gesellschaft, nicht die deiner Umgebung, sondern ausschließlich DEINE.

Teil 3 – dein größter USP

In diesem Abschnitt werden wir uns noch genauer mit dir und deinen Zielen auseinandersetzen. Dieser Abschnitt bildet die Grundlage von allem, was danach kommen wird. Lese ihn also sorgfältig durch und mache dir deine eigenen Gedanken dazu. Es ist mir wichtig, dass du verstehst, dass du selbst dein wichtigstes Alleinstellungsmerkmal bist. Die Kombination aus deinem Charakter, deinem Aussehen, deiner Geschichte und deinen Beziehungen hast nur du. Es ist also an der Zeit, dass du deine einzigartige Kombination nutzt, um ein Geschäft mit Alleinstellungsmerkmal zu eröffnen.

Passe dein Mindset an

Das größte Problem, warum Menschen mit ihren Geschäftsideen scheitern, ist, dass sie nicht ihr eigenes Geschäft aufbauen, sondern das, was sie für den einfachsten Weg halten. Aber da sind wir wieder: Wenn es einfach wäre, würde es jeder machen und auch jeder können.

Fangen wir einmal damit an, warum du ein Geschäft startest. Hier gibt es grundsätzlich zwei Arten von Geschäftsgründungsinteressen. Das eine Interesse besteht darin, dass du einfach Geld verdienen willst. Das Geschäft selbst steht nicht im Fokus, sondern das Geld. Daran ist erst einmal nichts verwerflich oder schlecht, denn mit viel Geld wirst du einen Grad an Freiheit erreichen, den ich jedem gönne. Jetzt kann es allerdings sein, dass du dich vom Geld getrieben in irgendein Business stürzt ohne, dass es tatsächlich zu dir passt. Du hörst möglicherweise von einem Geschäftsfeld, in dem man einfach Geld verdienen kann, legst los und eröffnest ein Business. Es ist durchaus möglich, dass du in diesem Geschäft Erfolg hast und dein finanzielles Ziel erreichst. Wahrscheinlich ist es aber leider nicht. Das zweite Gründungsinteresse ist neben dem Geld die eigene Leidenschaft und Selbstverwirklichung. Das Geschäft gründest du um eine Idee, die du ohnehin umgesetzt hättest. Du tust das, weil du von ihr begeistert bist und mehr in der Idee siehst als eine bloße Möglichkeit zum Geldverdienen.

Mein Tipp ist, dass du in gewisser Weise eine Mischung aus beidem anstrebst. Natürlich solltest du auf die Einnahmemöglichkeiten achten. Denn nur, wenn es auch einen Markt für dein Geschäft gibt, wirst du Umsatz machen. Dass du dich aber Hals über Kopf auf eine Marktnische stürzt, in der du dich nicht auskennst oder an der du kein Interesse hast, solltest du nicht tun. Erfolg hat immer etwas mit Durchhaltevermögen und Selbstdisziplin zu tun. Wenn dein einziger Motivator das Geld ist und du hasst, was du für das Geld tun musst, wirst du nicht erfolgreich sein. Dass du die Zähne zusammenbeißt, dich durch ein Projekt kämpfst und es dann ohne Aufwand weiterläuft, ist sehr unwahrscheinlich. Tatsächlich wird es so sein, dass du immer wieder und sogar mit steigender Intensität an diesem Projekt arbeiten musst, um deine Einnahmen konstant zu halten. Du musst immer neue Social Media

Posts für die Bekanntmachung verbreiten, dein Produkt upgraden, weiterentwickeln, auf Kundenwünsche eingehen…

Wenn du dich in einem Feld bewegst, das dir Spaß macht, wirst du automatisch mehr Durchhaltevermögen entwickeln. Es ist nur logisch, dass du nicht direkt am Anfang alles richtig machen wirst und das Geld vorerst schleppend reinkommt. Allerdings wirst du mit der Zeit automatisch besser und du weißt, worauf du zu achten hast. Sobald du dich an dem Punkt befindest, wird durch deinen Spaß mehr Geld reinkommen und dein Geschäft wird erfolgreich sein.

Ich mag den Spruch: „Tu, was du liebst und du wirst nie wieder arbeiten müssen." Das ist meiner Meinung nach in diesem Fall zutreffend. Denn wenn du dein Hobby in ein Geschäft verwandelst, immer nachjustierst und du motiviert dranbleibst, wirst du garantiert deine Ziele erreichen. Es ist allerdings wichtig darauf zu achten, dass du für dich arbeitest. Du solltest zwar diszipliniert sein, aber dir dennoch Raum zur freien Entfaltung einräumen. Was meine ich damit? Es gibt auch den schönen Spruch: „Mach dein Hobby zum Beruf und du brauchst ein neues Hobby." Es ist mir wichtig zu erwähnen, dass dieser Spruch ebenso richtig ist.

Hierzu das folgende Beispiel. Wie du bereits gelesen hast, bin ich Trickzeichner und stelle meine Animationen auf YouTube. Das ist mein Hobby und es macht mir Spaß. Ich würde aber niemals das Trickzeichnen als meinen Hauptberuf wählen. Zumindest dann nicht, wenn ich nicht primär mit meiner Kunst Geld verdienen würde. Wenn ich eine Agentur hätte oder ein Studio, in dem ich Auftragsarbeiten abarbeite, verdiene ich mit meinem Hobby Geld. Es ist aber eigentlich nicht mehr mein Hobby. Ich sitze dann acht Stunden daran, Trickfilme für meine Kunden zu produzieren und habe später am Abend keine Lust, meine eigenen Projekte umzusetzen. Dadurch verwandelt sich mein Hobby in eine Pflicht und ich beginne, mein Hobby nicht mehr zu mögen. So ist es passiert und ich bin froh, dass ich diese Redflag schnell erkannt habe.

Doch wie genau schützt du dich davor? – Auf diese Frage gibt es leider keine einheitliche Antwort. Schließlich ist jeder Mensch anders. Du solltest eine Sache so tun, dass du immer noch Freude dafür empfindest. Welches Maß für dich am besten passt, musst du dir selbst überlegen. Meine Maßeinheit war die Frage: „Würdest du jetzt lieber ein eigenes Drehbuch umsetzen und einen Film mit deinen Figuren drehen oder lieber das Treatment deines Kunden umsetzen?" In meinem persönlichen Beispiel ist es relativ leicht. Die Tätigkeit des Trickzeichnens war zwar gleich (gleiches Programm, gleicher Workflow…), aber meine persönliche Identität blieb auf der Strecke. Statt eine lustige Max-Torrt-Episode zu animieren, die meine Fans lieben werden, bewegte ich eine Figur ohne Namen über den Bildschirm, welcher die Vorteile irgendeiner Software beschrieb. Selbstverwirklichung? – Fehlanzeige!

Als Nächstes möchte ich auf eine weitere Mindset-Regel aufmerksam machen. Ich weiß nicht, wie dein Tagesablauf ist, aber gehört regelmäßiges Fernsehschauen und Netflix zu deinen Tagesroutinen? – Wenn ja, solltest du dir das schnellstmöglich abgewöhnen. Diese Routine ist nicht förderlich für deine Ziele. Wenn ich jemandem erzähle, dass ich mehrere Onlinekurse erstellt habe, einen Kinofilm produzierte, mehrere Bücher schreiben durfte, eine Trickserie produziere, Geschäftsmodelle entwickle und mich in verschiedenen Bereichen weiterbilde, wird mir häufig nicht geglaubt oder die Frage gestellt: „Woher nimmst du die Zeit und die Motivation?" Meine einfache Antwort: „Ich schaue einfach nicht mehr fern." Jeder Mensch hat 24 Stunden von einem Tag. Die Frage ist: Was stellt er mit seiner Zeit an? Wenn ich von der Arbeit nach Hause komme, kann ich natürlich den Fernseher anschalten und fernsehen (na gut, ich jetzt nicht, weil ich so ein Ding nicht besitze). Ich kann mich aber auch hinsetzen, etwas motivierendes Lesen, Sport treiben oder den Computer anmachen und an meinem Geschäft arbeiten. Es ist unfassbar, wie viel wertvolle Zeit wir mit unnötigem Medienkonsum verbringen. Hierbei spreche ich nicht nur von Fernsehen. Jede Ablenkung stiehlt uns Zeit. Selbst wenn wir uns hinsetzen und mit der Arbeit starten, werden wir hin und wieder von WhatsApp-Nachrichten, Instagram-Beiträgen und Pushnachrichten von irgendwelchen Apps unterbrochen. Installiere einmal spaßeshalber eine Tracking-App auf deinem Handy, die misst, wie viel Zeit du mit welchen Apps verbringst. Du wirst erstaunt sein. Dein allgemeines Ziel sollte es sein, jede Form von Konsum auf Produktion zu shiften. Das ist allerdings ein Prozess, der einiges an Disziplin erfordert. Man schafft es aber, wenn man ein „Warum" hat.

Die Frage, mit der du am tiefsten in die Seele eines Menschen hereinschauen kannst, ist: „Was sind deine Hobbys?" – Wenn die Antwort lautet: „Netflix, Musik hören, schlafen"… weißt du genug und du kannst weitergehen. Die drei genannten Dinge sind keine Hobbys. Das macht jeder. Es sind keine Beschäftigungen, die einen Menschen einzigartig machen. Der Verzicht auf diese zugunsten von anderen verschwenderischen Tätigkeiten genauso wenig. Hobbys sind nicht zum Zeitvertreib, sondern echte Leidenschaften. Diese Leidenschaften sind es, die dich glücklich machen und dein Business erfolgreich. Wenn du für eine Sache brennst, wirst du dich hinsetzen, ein Projekt mit absoluter Begeisterung durchziehen und unendlich viel Freude daran haben. Das ist echte Leidenschaft. Um herauszufinden, ob du eine echte Leidenschaft hast, kannst du dir mal ganz ehrlich die Frage stellen, wann du zuletzt in einem echten Flow gewesen bist. Denke daran, wann du zuletzt beim Arbeiten oder bei einer produktiven Tätigkeit die Zeit vergessen hast. War es beim Zeichnen, Malen, Schreiben, Musizieren, Dekorieren oder beim Sport? Herzlichen Glückwunsch. Wenn du jetzt etwas im Kopf hast, was produktiv ist (wie die eben genannten Beispiele), dann hast du erfolgreich deine Leidenschaft identifiziert. Schreib sie dir gerne auf und denke auch noch später darüber nach. Ich möchte an dieser Stelle allerdings betonen, dass ich das Konsumieren nicht grundsätzlich schlechtreden möchte, auch wenn es eingangs so klang. Filmeschauen, lesen, Musik und Podcasts hören, sind in der Lage, kreative Effekte auszulösen. Immerhin bist du, während du diese Zeilen liest, ja auch im Konsum- statt im Produktionsmodus. Die Frage ist allerdings, was du konsumierst. Es geht eher darum, was du anschließend machst. Hast du etwas Neues gelernt, was du anwenden möchtest oder willst du ziellos irgendwelche Serien bingewatchen oder Beiträge auf Social Media durchscrollen bis du irgendwann müde wirst?

Wechsel von einem Konsumenten- in ein Produzenten-Mindset. Was meine ich damit? – Das Konsumenten-Mindset sollte dir spätestens jetzt ein Begriff sein. Das Konsumenten-Mindset ist das Mindset, das dich nach der Arbeit auf die Couch fallen und Netflix einschalten lässt. Es ist das Mindset, das dir sagt, dass du keine Lust auf Sport hast oder dich dazu zwingt, später aufzustehen. Dieses Mindset wirst du schnell mit Selbstdisziplin los. Du musst dich im Schnitt nur einen Monat lang dazu zwingen, dir etwas Gutes zu tun und schon wird es zu einer Routine, die du nicht mehr loslassen kannst. Das Produzenten-Mindset motiviert dich zu einer kontinuierlichen Arbeit an deinem Projekt. Setze dir Ziele oder erstelle einen fixen Arbeitsplan inklusive Deadlines. Du wirst merken, wie einfach das Arbeiten für dich plötzlich ist.

Mit einem Produzenten- statt Konsumenten-Mindset durchs Leben zu gehen, ist der erste Schritt in Richtung Erfolg. Wenn du es nur lange genug durchhältst, kannst du es gar nicht mehr verhindern, deine Ziele zu erreichen. Es kann zwar lange dauern, aber mit jedem Moment, den du an deinem Ziel arbeitest, wirst du einen Schritt nach vorne gehen.

Alles, was ich eben geschrieben habe, bedeutet nicht, dass du zu einem hundertprozentigen Produzenten werden musst. Das geht auch gar nicht, weil du die Zeit zum Abschalten tatsächlich brauchst. Das Beste ist natürlich, wenn du Sport treibst, um deinen Kopf freizubekommen. Aber seien wir mal ehrlich: immer vernünftige Entscheidungen treffen, kann kaum einer von uns. Es geht auch nicht darum, dass du alles aus deinem Leben verbannst, bis du dein Hauptziel erreicht hast. Klar kannst du ins Kino gehen oder mal ausschlafen. Es geht vielmehr darum, dass du tatsächlich zum Arbeiten kommst, indem du dir feste Zeiten oder feste Tagesziele setzt.

Die Angst vorm Scheitern und warum sie dir egal sein sollte

Im deutschsprachigen Raum herrscht ein Mindset vor, das mehr Unternehmen auf dem Gewissen hat, als die grottenschlechte Wirtschaftspolitik der vergangenen Jahre: die Angst vorm Scheitern. In Deutschland ist man gewohnt zu glauben, dass wenn jemand einen Fehler macht, dieser automatisch der Herausforderung nicht gewachsen war.

So in etwa denkt die Deutsche Gesellschaft über jemanden, der seine Ziele (noch) nicht erreicht hat: „Er ist ein Versager, der den Mund zu voll genommen hat. Er musste scheitern. Da steht er nun, der ‚große Unternehmer': gescheitert, ohne Unternehmen, ohne Geschäftsmodell und mit weniger Geld auf dem Konto.

Peinlich sowas! Ich habe von Anfang an nicht an den Erfolg geglaubt und wurde bestätigt. Was glaubt dieser Versager, wer er ist? Besser als wir alle? Pfui! Das hat er jetzt davon. Zeigen wir mit dem Finger auf ihn und schreiben ihm ein großes unübersehbares ‚L' auf die Stirn: Loser auf Lebenszeit."

Ich erinnere mich an Talkshows, in denen Unternehmer eingeladen wurden, die einen Standpunkt vertraten, der nicht mit der Meinung der anderen Gesprächsteilnehmer einherging. Was war die Reaktion der Gesprächspartner? – Natürlich keine logische Auseinandersetzung mit dem eben gesagten, sondern ein hilfloser Angriff auf dem Ethos (auf die Person selbst): „Kein Wunder, dass Sie diese Ansicht haben. Sie haben ja schon fünf Unternehmen in den Sand gesetzt. Darum sind Sie dauernd pleite." – Gelächter im Publikum. Es ist egal, wie sinnvoll und stichhaltig die Argumentation des Unternehmers war: Wer einmal scheitert, ist ein Versager und hat keine Qualitäten, etwas zu sagen. Ende der Diskussion.

Meiner Meinung nach ein sehr trauriges Schauspiel. Das liegt zum einen daran, dass die Diskussion vom Sachlichen ins Persönliche ging. Die Diskussionsgegner waren argumentativ so hilflos, dass sie keine andere Wahl hatten, als ihn persönlich anzugreifen. Noch schlimmer allerdings war die Reaktion des Publikums: Jemand, der Insolvenz anmelden musste, muss ausgelacht werden. Das spricht weder für das deutsche Mindset noch für den Charakter jedes einzelnen, der im Publikum gelacht hat.

Ich bin mir sicher: Im Publikum gab es viele Menschen, die den Unternehmer insgeheim beneideten. Er war schließlich derjenige, der eine Vision hatte und nicht zögerte, diese umzusetzen. Er hat es versucht. Auch nachdem sein Unternehmen gescheitert war, hatte er viele weitere gegründet. Keiner, der die Motivation hat, selbst etwas aufzubauen, lacht über jemanden, der gescheitert ist. Denn jeder erfolgreiche Mensch ist gescheitert und hat aus seinen Fehlern gelernt. Nur jemand, der etwas tut und hinfällt, kann aufstehen und lernen. Hierbei möchte ich das „Scheitern" nicht mal in den Vordergrund stellen. Es geht vielmehr darum, dass nur jemand, der ins TUN kommt, auch aus Erfahrungen schöpfen kann. Im Publikum saßen haufenweise Leute, die nichts taten und trotzdem über andere lachten. Nach dem Motto: Wer nicht wagt, der nicht verliert. Na ja, aber wird jemand, der nicht verliert automatisch ein Gewinner sein? Wahrscheinlich nicht, wenn er nicht zum Wettkampf antritt. Gewinnen kann nur jemand, der antritt. Eine Erkenntnis, die eigentlich nichts Neues ist, die aber kaum einer versteht.

Der Legende nach machte Albert Einstein ein Experiment mit seinen Studenten. Er betrat den Hörsaal und begann kommentarlos das kleine Einmaleins an die Tafel zu schreiben: 1*10= 10, 2*10= 20, 3*10= 30, 4*10= 40, 5*10= 50, 6*10=59, 7*10=70… die Studenten fingen an zu murmeln und grinsten in Einsteins Richtung. Langsam kam Gelächter im Hörsaal auf. Der große Logiker hat offensichtlich einen Fehler gemacht. Einstein drehte sich um und sah seine Studenten an. „Nun", begann er, „Sie lachen mich aus, weil ich einen Fehler gemacht habe. Aber ich habe kein Lob dafür bekommen, dass ich 99 Aufgaben korrekt gelöst habe." Der Saal wurde abrupt ruhig. Die Studenten verstanden, was Einstein ihnen sagen wollte. Sie waren schnell im Verurteilen eines Fehlers, sahen aber nicht das Positive einer Leistung an. Ist es wirklich so gravierend, dass ein Fehler 99 gute Leistungen überschattet? – Leider konzentrieren sich Menschen zu sehr auf Fehler statt auf Erfolge.

Ich hoffe, du verstehst auch, was ich damit sagen will: Fehler machen ist normal, der größte Fehler ist aber keine zu begehen. Wer keine Fehler macht, keine Fehlschläge erleidet, keine Körbe kassiert, hat ein trauriges Leben. Er tut schließlich nichts.

Wenn dir also jemand begegnet, der permanent über Fehler anderer lacht, Unternehmer von insolventen Betrieben als Versager abstempelt und sich selbst über Menschen stellt, die es zumindest versuchen, kannst du dir sicher sein, dass diese Person selbst nie ihre Träume und Ziele erreichen wird. Ihr ist es viel wichtiger, nicht zu scheitern, als es zu versuchen.

Psychologisch ist Scheitern Schmerz. Es hat sich sogar gezeigt, dass beim Scheitern oder bei einer Zurückweisung, dieselben Hirnareale aktiviert werden, wie bei physischem Schmerz. Jeder Mensch ist gewillt, Schmerzen zu vermeiden. Aus diesem Grund haben so viele Menschen Angst vorm Scheitern. Doch nicht nur das: Da wir Menschen soziale Lebewesen sind, wollen wir anderen gefallen. Das ist evolutionsbedingt. Wir wollen, dass wir zu einer Gruppe gehören. Wir wollen, dass wir von dieser Gruppe akzeptiert werden. Werden wir ausgeschlossen, kann das lebensgefährlich sein... zumindest galt das für unsere Vorfahren aus der Steinzeit. Heute kann man sich einfach einer neuen Community anschließen. Wir sind nicht mehr auf den Schutz unserer Sippe angewiesen und können passende Menschen finden, die mit uns am selben Strang ziehen. Aus diesem Grund ist es Unsinn, weiterhin unseren Urinstinken zu folgen. Wir brauchen keine Angst haben, ausgeschlossen zu werden. Und sind wir doch mal ganz ehrlich: Wenn uns eine Gruppe oder ein Freundeskreis wegen eines Fehlers ausschließt, brauchen wir die Personen dann wirklich? – Natürlich nicht! Ganz im Gegenteil: Dann können wir sicher sein, dass wir Subjekte identifiziert haben, die immer nur auf der Stelle treten. Sowas braucht man als aufstrebender Unternehmer nicht. Auf solche Menschen kannst du getrost verzichten und den Kontakt einschränken.

Damit meine ich aber nicht, dass du keine Community brauchst. Beziehungen zu anderen Menschen sind immer wichtig. Suche dir daher Personen, die zu dir und deinen Zielen passen. Fälschlicherweise wird von Coaches und Influencern das Mindset des „erfolgreichen einsamen Wolfes" romantisiert. Als Beispiele werden Milliardäre wie Bill Gates, Elon Musk, Steve Jobs und Warren Buffett genannt. Interessante Vorbilder, die allerdings fälschlicherweise als „einsame Wölfe" definiert werden. Bill Gates hätte es ohne die weitreichenden Geschäftskontakte seines Vaters nie so weit bringen können, Elon Musk hat in seiner Anfangszeit in den USA viel genetzwerkt und sich mit den Menschen umgeben, die ihn weiterbringen konnten. Gemeinsam mit diesen Menschen hat er dann die Unternehmen gegründet, die ihn zu einem der reichsten Menschen der westlichen Welt gemacht haben. Der Vorgänger von PayPal war kein Ein-Mann-Projekt, Tesla und SpaceX wären ohne Entrepreneure wie Gwynne Shotwell und Co. nicht möglich gewesen. Ich empfehle immer, sich mit seinen Vorbildern auseinanderzusetzen, bevor man voreilige Schlüsse zieht und die eigentlichen Erfolgsfaktoren aus seinem Sichtfeld streicht. Man sieht oft nur eine Seite und ignoriert, dass es eine andere gibt.

Viele Menschen mit großen Träumen gehen auch an ihrer Harmoniesucht kaputt. Das Interesse, es allen recht machen zu wollen, mag im ersten Moment edel klingen. Jedoch müssen wir uns einer Sache bewusst sein: Wer es allen recht machen will, wird seine eigenen Interessen völlig aus dem Blickfeld verlieren. Darüber hinaus ist es unmöglich, immer allen gefallen zu wollen. Jeder, der in der Welt etwas bewirken will und seine Träume verfolgt, wird automatisch Menschen verprellen, Neider erzeugen oder anecken. Das ist gut so, denn nur wenn du deinen eigenen Standpunkt hast und diesen vertrittst, wirst du ernst genommen. Diese Form des Selbstbewusstseins wird dir auch die Angst vorm Scheitern nehmen.

Um nochmal auf die Ausgangssituation zurückzukommen: Es ist wichtig, dass du Erfahrungen sammelst und keine Angst vorm Scheitern hast. Entwickle stattdessen ein Mindset, dass du nur gewinnen kannst, unabhängig, was genau passiert. Entweder wirst du gewinnen und deine Ziele erreichen oder du wirst lernen. Ein Verlust ist es nur, wenn du einen daraus machst. Und ja, ich meine damit auch, dass es okay ist, wenn du beim Lernen Geld verlierst. Es ist Teil eines Prozesses. Geld kommt irgendwann wieder, deine Zeit nicht.

Selbstvertrauen und Online-Business

Wie wir festgestellt haben, bist du dein größtes Verkaufsargument. Insofern ist es auch wichtig, dass du verstehst, dass du ein gesundes Business aufbauen kannst, wenn du auch ein gesundes Verhältnis zu dir selbst hast. Das geht weit über das hinaus, was wir im Bereich Mindset festgehalten haben. Du musst das Vertrauen haben, dass du deine Ziele erreichen kannst.

Im Gegensatz zum Selbstvertrauen bezeichnet das Selbstbewusstsein, dass du dir deiner selbst bewusst bist (darum der Name). Diese beiden Konzepte beschreiben zwar zwei unterschiedliche Dinge, jedoch harmonieren sie zusammen und können den gemeinsamen Unterschied für den Erfolg deines Geschäfts sein.

Doch wie genau hängen Selbstvertrauen und Selbstbewusstsein mit dem Online-Business zusammen? Da gibt es einige Ebenen, auf denen man diese Frage beantworten kann. Zunächst einmal solltest du das Selbstbewusstsein haben, um dein Business zu starten. Das klingt oft leichter gesagt als getan. Du musst dir klar sein, dass du es wert bist, deine Ziele zu erreichen und dass du sie auch erreichen wirst. Nur wenn du im

Einverständnis mit dir selbst bist, bist du auch in der Lage, loszulegen. Die meisten Geschäftsideen scheitern, weil niemand den Mut hatte, sie umzusetzen. Insofern musst du dir darüber im Klaren sein, dass du es wert bist, deine Ziele zu erreichen und dass du sie deswegen auch in Angriff nehmen kannst. Der nächste Punkt ist, dass du das Selbstvertrauen hast, um deine Pläne nicht nur zu starten, sondern auch langfristig am Laufen zu halten. Du musst also eine Form von Selbstvertrauen entwickeln, dass dir nicht der Mut genommen werden kann und dass du auch in einem schwierigen Umfeld weiter daran arbeiten kannst. Nicht zuletzt sind Selbstvertrauen und Selbstbild auch wichtige Motivationsmotoren. Denn wenn du weißt, dass du etwas schaffen kannst, dann wirst du das auch mit Überzeugung weiterverbreiten. Das schließt wiederum einen Kreis für dich, der in dir mehr Motivation entfachen wird.

Hierbei geht es aber nicht nur ums Mindset und die Behauptung, man könne alles erreichen, wenn man nur daran glaubt. Es geht im Bereich Selbstvertrauen darum, abschätzen zu können, ob man sich selbst trauen kann. Stelle dir also die Frage bei einem Business, ob du deiner Entscheidung, dieses umzusetzen auch vertrauen kannst. Um das herauszufinden, kannst du dir die folgenden Fragen stellen.

- Was sind meine Leidenschaften?
- Bei welcher Tätigkeit hatte ich zuletzt einen Flow?
- Warum möchte ich ein Online-Business aufbauen?

Gehen wir nun einmal die Fragen durch, damit du dir als nächsten Schritt erste Gedanken über dein eigenes Geschäft machen kannst. Dabei geht es nicht nur darum, ein neues Business zu gründen. Im Vordergrund steht auch, dass du deine bereits bestehenden Anstrengungen weiterentwickeln und besser umsetzen kannst.

Die Frage nach deinen Leidenschaften haben wir bereits besprochen. Hier geht es darum, dass du für dich selbst erschließen musst, worin du gut bist und wo du dich gerne weiterentwickeln möchtest. Diese Weiterentwicklung ist dann möglich, wenn du für dich selbst auch einen Sinn in der Durchführung siehst. Du musst deine Leidenschaften also so definieren, dass sie mit deinen persönlichen Vorstellungen, Ansichten und Normen harmonisieren und du auch keine Hemmungen hast, diese umzusetzen.

Die Frage nach dem Flow hatten wir ebenfalls bereits besprochen. Der Flow ist elementar dafür, herauszufinden, welches Geschäftsmodell für dich am besten passt. Wenn du innerhalb von kurzer Zeit viele produktive Schritte durchläufst und Freude an der Arbeit hast, wird dir dein Onlinebusiness leichter fallen. Damit ist natürlich nicht gesagt, dass alles Spaß machen muss oder du deinen Flow nicht verlieren kannst. Dein Flow kann ebenso schnell vorbei sein, wie er angefangen hat. Es geht darum, in diesem Fall kurz Abstand zu nehmen, um dann neu in den Flow zu finden.

Die Frage danach, warum du dir dein Onlinebusiness aufbauen möchtest, ist ebenso wichtig. Es geht hierbei um eine Vision, die du möglichst konkret ausformulieren solltest. Denn je konkreter deine Vision ist, desto besser lassen sich gleich am Anfang die Weichen stellen. Damit meine ich, dass dein Onlinebusiness auch zu deinem Leben zu passen hat. Wenn du dich beispielsweise selbst als digitalen Nomaden siehst (du also viel reist) brauchst du ein Geschäftsmodell, bei dem du nicht so viel Equipment benötigst. Wenn du keinen Lagerraum hast, solltest du vielleicht keinen Onlineshop aufbauen, bei dem du deine Produkte selbst verschickst. All das klingt im ersten Moment völlig banal. Jedoch muss ich dazu sagen, dass viele Gründer von Onlinegeschäftsmodellen diese Punkte eben nicht beachten. Das böse Erwachen kommt dann, wenn sie das Geschäft bereits begonnen haben und erste Anfangsinvestitionen getätigt sind.

Die Grundlage für all diese Überlegungen ist dein Selbstvertrauen. Wenn du dir die oben genannten Fragen beantwortest, ist es wichtig, dass du dich nicht selbst belügst. Das schaffst du dadurch, indem du dich selbst in der Situation vorstellst, wie du an deinem Geschäft arbeitest. Ich habe mir beispielsweise eingeredet, dass mir das Texten Freude machen würde und deswegen mein damaliges Copywriting-Geschäft gestartet. Allerdings hat es mir weniger Spaß gemacht, als ich erwartet habe. Ich war nicht schlecht im Geschäft. Allerdings konnte ich mir nicht vorstellen, dass ich diese Tätigkeit lange durchhalten würde. Das wäre ein wenig schade gewesen, zumal ich das Ziel hatte, von dem Business leben zu können. Aber irgendwann war ich an dem Punkt, an dem ich Gänsehaut bekommen habe, wenn wieder eine Anfrage von einem

Kunden hereinkam. Hätte ich mich selbst von Anfang an in dieser Situation gesehen, hätte ich vermutlich nicht mit dem Geschäft gestartet. Ich bereue es allerdings nicht, denn diese Erkenntnis muss man erst erlangen, um darüber sprechen zu können. Diese Erfahrung hat mir im späteren Verlauf viel Zeit gespart und die Nerven geschont.

Zwei Motivationsarten

Motivation ist das, was uns antreibt. Nur wegen Motivation entscheiden sich Menschen, einen Marathon zu laufen. Nur wegen Motivation wollen wir uns weiterentwickeln. Nur wegen Motivation gründen wir Geschäfte. Nur wegen Motivation handeln wir überhaupt! – Oder bleiben zumindest dabei, zu handeln…

Ging es dir nicht auch mal so? Du bist voll motiviert in ein Projekt gestartet und hast gleich drei Tage oder sogar drei Wochen am Stück mehrere Stunden in dieses Projekt gesteckt. Doch die Motivation für das Projekt hat dich nach genau diesen drei Tagen bzw. Wochen auch wieder verlassen. Du wolltest einfach nicht mehr weitermachen, obwohl du zuvor so motiviert warst. Doch woran liegt das?

Wir alle kennen es, doch viel zu selten machen wir uns darüber Gedanken. Liegt es wirklich daran, dass einfach „der Saft raus ist"? Haben wir einfach kein Interesse mehr an dem Projekt selbst? Sind wir von dem Output enttäuscht? Oder liegt der Grund doch viel tiefer? – Denk einmal an den Moment, in dem dir so etwas zuletzt passiert ist. Erinnerst du dich, wie du dich gefühlt hast, als du die letzten Stunden vor dem Abbruch deiner Arbeit gefühlt hast? Hast du dir möglicherweise gedacht: „Wozu mache ich das alles überhaupt?"

Wenn du dir das gedacht haben solltest, dann geh einmal tiefer in dich hinein und hinterfrage einmal deine Motivation. Hast du das Projekt wirklich aus eigener Motivation heraus begonnen oder hast du es möglicherweise gestartet, weil du einen Einfluss von außen hattest? – Für einen äußeren Einfluss spricht in dem Zusammenhang vor allem die Frage „wozu mache ich das?". Wenn die Motivation aus dir selbst kam, hättest du eigentlich direkt eine Antwort parat, oder? – Weil ich XY erreichen will, weil ich Menschen helfen will, weil ich mit meiner Familie mehr Zeit verbringen will... aber diese Dinge sind dir in dem Moment nicht eingefallen.

Es gibt zwei Arten von Motivation. Die intrinsische und extrinsische Motivation. Bei der intrinsischen Motivation handelt es sich um eine Motivation, die aus dir selbst spricht. Sie entspringt aus deinen inneren Bedürfnissen und es ist sehr schwer, sie zu brechen. Intrinsische Motivation finden wir im Prinzip auf den Stufen der Bedürfnispyramide nach Abraham Maslow. Wenn wir Angst um unsere Sicherheit haben, sind wir gewillt, unsere Sicherheitssituation zu verbessern. Haben wir Hunger, sind wir motiviert, Nahrung zu suchen. Wenn wir uns selbst verwirklichen wollen, tun wir auch alles dafür.

Die extrinsische Motivation hingegen ist eine Motivation, die von außen kommt. Dieses Außen können Erwartungen der Familie, des Arbeitgebers, der Freunde oder der Gesellschaft sein. Weil die Motivation von außen kommt, spüren wir sie oft stark. Wir wollen der Gesellschaft, unserem Arbeitgeber, unseren Freunden und unserer Familie beweisen, dass wir das gesteckte Ziel erreichen können. Wir sind so lange motiviert, bis wir realisieren, dass die Motivation ins Leere läuft. Wir erkennen (manchmal bewusst, manchmal unbewusst), dass das Ziel, was wir verfolgen, gar nicht unser Ziel ist. Wenn wir diese Tatsache bewusst erkennen, ist das super! Doch leider sind diese Erkenntnisse eher unbewusst.

Stelle dir einmal vor, dass du ein Business gründen möchtest. Dein eigentliches Interesse ist es, Musik zu machen und deine Musik zu verkaufen. Du möchtest eigene Songs schreiben und sie auf Konzerten spielen. Doch dann kommt das schnelle Geld: Eine Firma bietet dir an, einen Werbejingle zu komponieren. Du denkst dir: „Klasse, das ist zwar nicht das, was ich direkt machen will, aber nah genug dran." Die Firma ist zufrieden und bezahlt dich. Durch deine tolle Arbeit kommen weitere Firmen auf dich zu und wollen Werbejingles von dir. Du erkennst das Marktpotenzial und verwirfst deine ursprüngliche Idee. Mit einer Werbeagentur, die auf Jingles spezialisiert ist, machst du schneller mehr Geld. Motiviert von dem Geld startest du dein Geschäft und hältst es nicht allzu lange durch. Du bist ausgebrannt und magst eigentlich Musikmachen gar nicht mehr so sehr. Deine Motivation sinkt, obwohl sie eigentlich am Höhepunkt sein sollte.

Immerhin verdienst du dein Geld (fast) mit deinem Hobby. Gut, du machst nicht das, was du dir vorgenommen hast, aber es ist ein Anfang. Doch genau hier liegt das Problem: Die Motivation, eine Werbeagentur zu gründen, war eine extrinsische Motivation. Wir neigen dazu, die Motivation mit der intrinsischen Motivation zu verwechseln. Schließlich hat dir ja niemand gesagt, dass du eine Agentur gründen sollst. Die Motivation kam vermeintlich aus dir selbst! Tatsächlich war die Motivation aber zum größten Teil der Umwelt geschuldet. Du hast Geld angeboten bekommen und deinen eigentlichen Fokus verzerrt. Diese Verzerrung durch das angebotene Geld hast du letztendlich für deine eigene Motivation gehalten.

Aus diesem Grund ist es wichtig, dass du dir Zeit nimmst und definierst, was du willst. Du musst im Vordergrund deiner eigenen Ziele stehen. Wenn du Motivation für etwas empfindest, was nicht aus dir selbst kommt, wirst du nicht allzu lange Freude an der Motivation haben. Auf der Arbeit sind wir motiviert, weil wir durch unsere eigene Disziplin dazu gezwungen werden. Wenn wir aber für uns selbst arbeiten, müssen wir klar verstehen, dass wir wirklich für uns arbeiten und keinen extrinsischen Reflexen folgen. Nur so können wir die Motivation behalten.

Wenn du einen schlechten Tag hast und nicht motiviert bist, an deinem Projekt weiterzuarbeiten, heißt das allerdings auch nicht gleich, dass die Motivation deswegen extrinsisch war. Wir alle sind Menschen und haben so unsere Phasen. Das ist völlig normal und gut so.

Wenn du allerdings auf längere Sicht keinen Sinn in deinem Tun siehst, musst du dich hinterfragen. Ansonsten läufst du einem Ziel hinterher, das du eigentlich gar nicht erreichen möchtest. Es kann sogar ein Motivationskiller sein, wenn du das Ziel erreichst. Wenn du ein Ziel aufgrund extrinsischer Motivation erreichst, stellst du dir verständlicherweise die Frage: „Und was habe ich jetzt davon?" – „Warum habe ich das alles gemacht?"

Wie kannst du nun deine extrinsischen und intrinsischen Ziele herausfiltern und erkennen, was was ist? – Die Antwort darauf ist leicht, der Weg dorthin ist schwer: Du musst wissen, was du willst!

Klingt im ersten Moment simpel, doch diese Aussage hat es in sich! Herauszufinden, was man will, ist die härteste Aufgabe, die man sich stellen kann. Das liegt nicht nur daran, dass man sich selbst ungefiltert hinterfragen und verstehen muss, sondern auch, dass man eine klare Vision von dem braucht, was man erreichen will. Dabei muss man das extrinsische Grundrauschen unterdrücken lernen, was gar nicht so leicht ist.

Ich muss zugeben: Selbst ich habe so meine Schwierigkeiten mich selbst zu verstehen und meine Ziele klar zu formulieren. Der erste Schritt besteht darin, herauszufinden, was man nicht will. Dieser Schritt ist in der Regel leicht... Diese „Liste zum Vermeiden" muss umgedreht werden und wir haben unsere erste Zielliste. Doch auch das ist nicht so ungefiltert, wie wir zuerst glauben. Hast du möglicherweise auf der Liste, dass du „nicht von anderen Menschen negativ betrachtet werden willst?" – Extrinsische Motivation! Bei deiner Negativliste ist also wichtig, dass du dich nicht auf Dinge versteifst, auf die du selbst keinen Einfluss hast.

Um deine Positive Zielliste zu erstellen, kannst du die folgenden Fragen beantworten:

- Was machst du gerne?
- Wobei spürst du Freude?
- Was kannst du gut?
- Was willst du vom Leben?

Konzentriere dich also auf deine Stärken und Vorlieben, die dir „in die Wiege gelegt wurden." Dem natürlichen Drang und den natürlichen Vorlieben zu folgen, ist immer die richtige Entscheidung. Schließlich münden diese intrinsischen Ziele auch immer in den Bedürfnissen nach Abraham Maslow. Wenn du Musik machen möchtest, möchtest du von anderen Menschen für das, was du gerne tust, wertgeschätzt werden. Und zwar nicht von irgendwem: sondern von echten Musikliebhabern, die deine Werke schätzen. Wenn dein Jingle zwar überall läuft, er den Zuhörern aber zum Hals heraushängt, ist das nicht das, was du ursprünglich wolltest.

Was zum Beispiel hat mich dazu motiviert, dieses Buch zu schreiben? Glaubst du, ich möchte einen Haufen Geld verdienen, um mich als „reich" zu betrachten und dann mit dem Geld angeben? – Nein, ich habe mir zur Aufgabe gemacht mit dem, was ich gerne mache, Menschen auf ihrem Weg zu unterstützen. Ich liebe es, Geschichten zu erzählen, zu schreiben und Menschen für neue Ideen zu begeistern. Der Preis, den du für dieses Buch gezahlt hast, ist nichts anderes als ein Trinkgeld und kleine Anerkennung für mich. Es ist, wie wenn du einem Straßenmusiker ein wenig Kleingeld in den Gitarrenkoffer wirfst. Es freut mich aber mehr, wenn ich dir helfen kann. Meiner Meinung nach verdient jeder Mensch es, seine intrinsischen Ziele zu erreichen. Wenn ich dir dabei helfen kann, freut es mich umso mehr. Das ist meine intrinsische Motivation. Heißt das, dass ich jetzt schon konkret weiß, was ich will? Nein, denn ich muss selbst noch viel über mich selbst herausfinden. Das ist ein fortlaufender Prozess.

Was sind deine Ziele?

Wenn du ein Business gründest, verknüpfst du dies immer mit bestimmten Zielen. Wie wir bereits besprochen haben, können diese Ziele im Bereich des Geldverdienens liegen oder auch eher in Richtung Selbstverwirklichung gehen. In diesem Kapitel geht es mir in erster Linie darum, dass du für dich definierst, was dein Ziel in erster Linie ist.

Wenn du ein Onlinebusiness aus Leidenschaft gründest, wird dir das Arbeiten daran wahrscheinlich leichter fallen. Du wirst dich besser fokussieren können und mit Freude an ihm arbeiten. Das ist richtig und wichtig, denn diese Herangehensweise ermöglicht eine steigende Lernkurve. Bei der Gründung aus Leidenschaft, bei der das Geld nur Nebensache ist, agierst du weniger sprunghaft. Stattdessen suchst du nach Möglichkeiten, dein Geschäft langfristig zu verbessern. Es mag sein, dass dir der Weg aus Leidenschaft etwas steiniger vorkommt, denn im Vergleich zum geldfokussierten Ziel, wird es wahrscheinlich länger dauern, bis du einen vorzeigbaren Umsatz generierst. Allerdings ist dein Mindset ein anderes und du lässt dich auch von Rückschlägen nicht so leicht aus der Fassung bringen. Schließlich ist dein Onlinebusiness aus Leidenschaft ein Business, an dem du auch selbst Freude hast und dir ein Verlust eher wie eine Konsumausgabe vorkommt, die dir zumindest Spaß bereitet hat.

Wenn es dir eher ums Geldverdienen geht, ist der Ansatz ein anderer. Entgegen den Meinungen vieler ist das Gründen eines Onlinegeschäfts aus Geldgründen nichts Verwerfliches und sollte auch nicht „schlechter" bewertet werden als eine leidenschaftliche Gründung. Vom Ziel her unterscheiden sich die beiden Ansätze jedoch. Beim Gründen des Geldes wegen steht für dich das Geldverdienen im Vordergrund und das, was du mit deinem Geld vorhast. Eine leidenschaftliche Gründung hat den Vorteil, dass die Motivation in der Sache selbst steckt. Im Gegensatz dazu ist der Geldansatz eher vage formuliert. Beim Geldansatz startest du ein Geschäft, wenn du glaubst, eine gute Marktnische gefunden zu haben. Solltest du innerhalb von einem kurzen Zeitraum keinen Erfolg haben, schaust du dich schnell nach anderen Möglichkeiten um, bei denen das Geldverdienen (zumindest in deinen Augen) „einfacher" ist. Während du dieses Projekt noch nicht abgeschlossen hast, hörst du von einer „besseren" Idee und schwenkst zu einem anderen Projekt über. Das Ergebnis ist, dass du viele Projekte startest, die du nicht zu Ende bringen wirst. Es ist in der Praxis tatsächlich so, dass die geldmotivierten Projekte relativ schnell Geld abwerfen können. Wenn einem das Geld aber nicht reicht, sucht man sich ein neues Projekt und beginnt wieder von vorne. Dieses Verhalten führt dazu, dass du dein Ziel nicht erreichen wirst.

Der leidenschaftliche Ansatz kennzeichnet sich dadurch, dass man langfristig bei einer Sache bleibt. Hier ist tatsächlich der Weg das Ziel. Man verbessert sich bewusst und arbeitet weiter an seiner Idee, da der Antrieb das Geschäft selbst ist. Bei dem geldgetriebenen Ansatz hingegen ist das Geld die Motivation. Wird nicht genügend Geld verdient, wendet man sich von dem Business ab und sucht ein neues. Und das, obwohl man teilweise bereits Geld verdient hat und seine ersten Kosten decken konnte. Dadurch kann man leider kein langfristiges Geschäft aufbauen.

Mir selbst ist das Problem mit dem geldgetriebenen Ansatz nur allzu bekannt. Ich habe ein Projekt gestartet, mit dem ich bereits viel Geld verdient habe. Ich weitete es aus, erstellte verschiedene Produktvarianten und dazugehörige Social-Media-Kanäle. Allerdings handelte es sich um ein Thema, für das ich keine Leidenschaft hatte. Bereits nach einem Jahr habe ich das Projekt sterben lassen und mich anderen Dingen gewidmet. Mir ist im Nachhinein allerdings bewusst geworden, dass ich sehr viel Geld hätte verdienen können. Ich habe einen anderen Unternehmer aus Bochum beobachten können, der ein ähnliches Produkt wie ich startete. Mit ihm hatte ich keinen persönlichen Kontakt, jedoch folgten wir uns gegenseitig auf allen Social-Media-Kanälen. Nach zwei Jahren hatte er mich überholt, sowohl von der Anzahl der Follower (was nicht sonderlich schwierig war) als auch umsatztechnisch. Während meine Produkte in meinem aktiven Jahr etwa fünfhundert Euro an monatlichem Umsatz generierten, dümpelten seine bei geschätzten fünfzig Euro herum. Ein Jahr später brachen meine Verkäufe durch meine Inaktivität ein. Er machte weiter und hatte nach zwei Jahren einen geschätzten monatlichen Umsatz von ebenfalls fünfhundert Euro. Bereits ein Jahr darauf sah ich sein bisheriges Produkt und seine neuen Produkte (von denen ich im Übrigen auch bereits ähnliche geplant hatte) durch die Decke gehen. Ich schätzte seinen Umsatz im dritten Jahr auf etwa hunderttausend Euro. Meine Produkte warfen zu diesem Zeitpunkt nur noch zehn im Monat (also 120 € im Jahr) ab.

Eine ähnliche Geschichte gibt es auch mit zwei Goldgräbern. Es gab während des Goldrauschs in den USA einen Mann, den es in Richtung Westen zog, damit er Goldgräber werden konnte. Er besorgte sich eine teure Ausrüstung und machte sich auf den Weg, die Gegend zu erkunden. Irgendwann machte er in der Nähe eines Flusses halt. Da flussabwärts immer wieder Goldnuggets gefunden wurden, ging er davon aus, dass in Richtung Quelle eine Goldader im Boden liegen musste. Also setzte er zum Graben an. Nach einer Woche und mehreren Metern kam er zu dem Entschluss, dass er hier nichts finden würde. Er war sogar so demotiviert, dass er das Goldgraben ganz aufgeben wollte. Ein junger Mann kam vorbei und hörte den Goldgräber fluchen, dass die

Ausrüstung so teuer wäre und er sich darüber ärgerte, sie gekauft zu haben. Der junge Mann ging zu dem Goldgräber und fragte ihn, ob er ihm die Ausrüstung abkaufen und in dem Loch weitergraben dürfe. Der Goldgräber willigte ein und übergab dem jungen Mann seine Ausrüstung und machte das Loch frei. Nachdem die Transaktion abgeschlossen und der ältere Mann gegangen war, begann der junge Mann, in dem bisherigen Loch weiterzugraben. Nachdem er zehn Millimeter der Schicht abgetragen hatte, sah er etwas Glänzendes im Boden. Er befreite das Glänzende von Erde und merkte, dass noch mehr in dem Loch zu finden war. Der junge Mann war auf die Goldader gestoßen, die der andere Goldgräber vermutet hatte.

Diese Geschichte und meine sollten dich lehren, dass der Erfolg in Selbstdisziplin und konsequenter Durchführung liegt. Wenn der Goldgräber oder ich weiterhin bei unseren Projekten geblieben wären, wären wir auf die Goldader gestoßen. Für dich bedeutet das, dass du vielversprechende Projekte in jedem Fall weiterführen solltest. Auch wenn du mehrere Projekte gleichzeitig am Laufen haben solltest, lohnt es sich, beiden Projekten genügend Zeit zu schenken. Fokus ist hier das Zauberwort. „Start less, finish more (beginne weniger, schaffe mehr)" ist ein Spruch, der mir auf der Arbeit beigebracht wurde. Es ist also ratsam, sich auf ein Projekt zu fokussieren und es nicht fallen zu lassen. Zumindest nicht, solange das Projekt Potenzial hat. Fokus erreichst du wiederum, indem du intrinsische Motivation in dem siehst, was du tust. Disziplin entsteht also aus Motivation.

Es gibt jedoch Projekte, die zum Scheitern verurteilt sind. Einen kleinen Hinweis darauf habe ich bereits gegeben. Wenn du beispielsweise erkennst, dass dir ein Projekt nur Energie und Freude raubt, ohne auch nur den Hauch einer Befriedigung, solltest du dieses nicht weiterführen. Auch wenn du merkst, dass dein Hobby nur noch zu einer Pflicht geworden ist, solltest du das Projekt fallen lassen. Ebenfalls wenn du merkst, dass deine Kunden dich bei deinem Geschäft ausnutzen und du eigentlich mehr verdienen solltest, ist es ratsam, das Projekt nochmal zu überdenken.

Deine eigene Marke

Marken sind im Onlinebusiness ein sehr wichtiges Gut, da sie darüber entscheiden, wie viel du für einen Service oder ein Produkt verlangen kannst. Marken sind wichtig, unabhängig davon, wie dein Geschäft aussieht, denn sie sind ein entscheidender Pull-Faktor.

Es gibt viele Menschen, die ein Onlinebusiness starten, indem sie einfach loslegen und ein Produkt auf den Markt werfen. Zugegeben: Das war von Beginn an auch meine Herangehensweise. Hierbei geht es darum, schnell viele Produkte auf den Markt zu bringen unter der Prämisse: „Irgendwas wird schon bei rumkommen." Tatsächlich ist es möglich, mit dieser Vorgehensweise einiges an Geld zu verdienen. Jedoch lohnt es sich ohne eine Marke, auf der die Produkte aufbauen, nur sehr selten. Der Erlös ist für den Aufwand einfach zu gering und man verschwendet letztendlich seine Zeit.

Produkte, ohne eine Marke auf den Markt zu werfen, hat außerdem den Nachteil, dass man in seiner Preisgestaltung eingeschränkt ist. Stelle dir einmal vor, du hast die Wahl zwischen einer normalen Tasse, die fünf Euro kostet und einer schön gestalteten Tasse für zehn Euro mit dem Logo deines Lieblingssportvereins darauf. Wahrscheinlich würdest du die Markentasse vorziehen, da es sich schließlich um deinen Lieblingsverein handelt. So rechtfertigst du auch den höheren Preis vor dir selbst, obwohl dir natürlich klar ist, dass du das doppelte gezahlt hast.

Wenn deine Marke Fans hat, geht es sogar so weit, dass diese in Onlineshops aktiv nach deinen Produkten suchen werden. Da sie ein bestimmtes Gefühl mit deinen Produkten verbinden und sich mit der Marke verbunden fühlen wollen, werden sie einen Kauf in deinem Onlineshop eher in Erwägung ziehen. Deine Marke ist also ein Pull-Faktor (deine Fans suchen aktiv nach der Marke) für dein Geschäft.

Wenn du eine Marke um dein Business aufbauen möchtest, kannst du die folgenden Tipps beachten. Zunächst einmal, solltest du eine Marke und ein Image wählen, das sowohl zu deinem Unternehmen als auch zu dir passt. Mache dir klar, welche Zielgruppe deine Marke ansprechen soll und finde heraus, was ihr gefällt. Wenn du die Zielgruppenorientierung mit deinem Geschäft und deiner Person verbindest, wirst du schnell auf eine entsprechende Positionierung kommen. Dabei ist eine Marke deutlich mehr als ein Logo oder eine Gestaltungsart (corporate design). Du musst in der Lage sein, ein Gefühl oder eine Emotion mit ihr zu erzeugen. Gerade, wenn man mit einem Onlinebusiness startet, ist dies nicht ganz einfach. Im Folgenden gebe ich dir aber ein paar Tipps, wie du eine Marke planen und aufbauen kannst.

Zunächst entwickelst du eine Markenidentität über ein Logo und auf deine Marke abgezielte Farben. Das Logo und die Farben wendest du konsequent an. Das gilt sowohl für deine Social-Media-Posts, als auch für deine Webseite, deine Mails, dein Werbematerial und sogar für deine Produkte. Je häufiger deine Zielgruppe mit diesen Elementen in Berührung kommt, desto eher werden sie es mit deinem Business verbinden und es so auch wiedererkennen.

Wenn du dich darauf konzentrierst, deine Alleinstellungsmerkmale glaubhaft in Verbindung mit deinem Design zu kommunizieren, werden diese unter deiner Zielgruppe ebenfalls geläufig. Wichtig ist hierbei, dass du vordergründig Alleinstellungsmerkmale (USP) kommunizierst, die mit einem Nutzen verbunden sind und für deine Zielgruppe einen Wert haben.

Ein weiterer elementarer Punkt ist die Qualität deines Onlinebusiness. Das gilt sowohl für die Qualität deiner Produkte als auch für die Qualität deiner Kommunikation. Auf Social Media wirst du beispielsweise die meisten Klicks bekommen, wenn du für deine Zielgruppe wertvolle Inhalte teilst. Diese Inhalte werden wiederum mit deiner Marke, deinem Business und deinem Produkt verknüpft. Du hast also einen

Imagevorsprung, wenn du wertvolle Inhalte passend für deine Zielgruppe kommunizierst. Denke daran, dass deine Postings Aufmerksamkeit erzeugen, aber gleichzeitig wertvolle Erkenntnisse für deine potenziellen Kunden liefern sollen.

Zudem solltest du darauf achten, dass du nur Kooperationen zustimmst, die auch mit deiner Kernbotschaft harmonieren. Achte also darauf, dass du Content-Kooperationen mit Blogs machst, die zu deinen kommunizierten Werten passen. Buche nur Influencer, die eine ähnliche Zielgruppe haben und zu deinem Image passen. Wenn du ein Affiliate-Marketing-Business aufbauen möchtest, ist es ratsam, für Produkte zu werben, die du tatsächlich selbst nutzt und dafür auch passende Inhalte anbieten kannst. Wenn du Kooperationen nur aus monetärem Interesse anstreben solltest, wird deine Marke dadurch stark geschwächt.

Deine Marke spiegelt also deine Qualität wider. Deine Kunden wissen, dass ein Produkt gut ist, wenn deine Marke draufsteht. Sonst hättest du deine Marke nicht auf das Produkt gesetzt. Deine Marke steht somit für Qualität und Nutzen.

Teil 4 – Geschäftsmodelle finden

Wenn man sich im Netz nach passenden Geschäftsmodellen informiert, trifft man irgendwie auf immer die gleichen Ideen und Modelle. Im Grunde sind alle „bahnbrechenden Ideen für dein Geschäft" auf diesen aufgebaut. Teilweise handelt es sich um Weiterentwicklungen von bestehenden Modellen, aber selten um neue und innovative Ideen. Das ist aber nicht zwangsläufig schlecht. Denn wenn du dich mit einem Geschäftsmodell beschäftigst, das bereits andere Menschen genutzt und angewendet haben, kannst du aus ihren Erfahrungen lernen. Wenn du ein neues Modell von Grund auf entwickeln möchtest, musst du nicht selten einen Haufen Geld in dieses Modell stecken. In diesem Abschnitt möchte ich dir die bekanntesten Geschäftsmodelle vorstellen, aber auch Möglichkeiten aufzeigen, wie du dein eigenes entwickeln kannst.

Das sind die häufigsten Geschäftsmodelle im Internet

Wenn einem Geschäftsmodelle vorgeschlagen werden oder wenn Internet-Gurus wieder neue Kurse verkaufen wollen, werden immer wieder dieselben Geschäftsmodelle durchgekaut. Diese Geschäftsmodelle kann man in bestimmte Kategorien unterteilen. Ich möchte dir hier einen allgemeinen Überblick geben, was auf dem Markt möglich ist. Ich werde dir keine Schritt-für-

Schritt-Anleitung an die Hand geben, denn wenn du eines dieser Modelle umsetzen möchtest, musst du das Modell an dich anpassen. Die grundlegenden Thematiken, mit denen du mit den Geschäftsmodellen erfolgreich wirst und worauf du achten solltest, werde ich im fünften Teil näher erläutern.

Freiberufliche Arbeit und Plattformökonomie

Das Internet bietet eine Vielzahl an Möglichkeiten für Freiberufler. Es geht hierbei nicht nur darum, Aufträge bei Firmen zu finden, bei denen man seine Projekte vor Ort umsetzt. Gerade die Plattformökonomie ermöglicht es, mit Freiberuflern und Firmen auf der ganzen Welt zusammenzuarbeiten. Man erstellt als Kunde einen Auftrag, sendet diesen an einen Freiberufler und erhält die fertige Arbeit zurück. Am bekanntesten dürften in diesem Bereich die Plattformen Fiverr und Upwork sein. Hier kannst du, wenn du freiberuflich arbeiten möchtest, entsprechende Gigs erstellen, die potenzielle Kunden finden und dich beauftragen können. Außerdem hast du auf Plattformen die Möglichkeit, dich auf ausgeschriebene Projekte zu bewerben. Auch das Hotelgewerbe und andere Dienstleistungsbereiche haben durch entsprechende Plattformen Konkurrenz bekommen. Du kannst mit Airbnb eine ungenutzte Wohnung für Urlauber anbieten. Auf Uber kannst du eigenständig Taxifahrer werden. Wenn du also ein klassisches Gewerbe gründen möchtest, kannst du auf einer Plattform starten. Diese erleichtern dir die Suche nach Kunden, da sie bereits den nötigen Traffic haben und dir ohne großen Aufwand Kunden vermitteln können. Natürlich vorausgesetzt, du präsentierst dein Profil in einem guten Licht. Die Schattenseiten der Plattformökonomie sind allerdings, dass du dich in einem Preiskampf mit Freelancern aus Ländern befindest, die aus Regionen kommen, in denen niedrigere Bezahlungen üblich sind. Deine Preisgestaltungsspielräume sind hier also nicht besonders hoch, sofern du dir im Vorfeld noch keine Marke und noch keinen USP aufgebaut hast. Zu den klassischen Jobs, die im Netz angeboten werden, gehören Grafikdesign, Musikproduktion, Sprachaufnahmen, Copywriting, Social Media Management, Beratung und natürlich Softwareentwicklung.

E-Commerce

Beim E-Commerce handelt es sich um den digitalen Einzelhandel. Du kannst auf Plattformen wie Ebay, Amazon oder Etsy ohne viel Aufwand einen Shop gründen, in dem du physische Produkte verkaufst. Wenn du dich in diesem Bereich weiter professionalisieren möchtest, lohnt es sich, seinen eigenen Onlineshop auf einem eigenen Server aufzubauen. Beim E-Commerce kannst du entweder eigene Produkte herstellen (insbesondere auf Etsy) und diese verkaufen, oder Produkte günstig einkaufen, um sie mit einer Gewinnmarge weiterzuverkaufen. Dieses Vorgehen hat gerade für Starter den Nachteil, dass man mit dem

Einkauf in Vorleistung gehen muss, um Geld zu verdienen.

Sonderformen des klassischen Weges des E-Commerce sind das Flipping und Amazon FBA. Bei dem Flipping handelt es sich um einen Prozess, bei dem du anderen Internetnutzern oder Flohmarkthändlern Produkte abkaufst, die du auf den Onlinemarktplätzen zu einem höheren Preis wieder verkaufst. Amazon FBA ist eine andere Vertriebsmöglichkeit, die dir den Versandprozess erleichtert. FBA steht hierbei für „fulfilled by Amazon". Das bedeutet, dass du deine Produkte an Amazon schickst, sie auf dem Amazon Marktplatz anbietest und Amazon für dich den Logistikprozess übernimmt.

Dropshipping

Beim Dropshipping handelt es sich um eine Weiterentwicklung des klassischen E-Commerce, bei dem du bzw. dein Shop nur als Vermittler zwischen Kunden und Lieferanten fungiert. Konkret bedeutet das, dass der Auftrag in deinem Shop entgegengenommen wird und dadurch eine Bestellung beim Lieferanten ausgelöst wird. Der Lieferant liefert deinem Kunden das Produkt und du erhältst eine Gewinnmarge wie beim klassischen E-Commerce. In den letzten Jahren hat sich hier insbesondere die Zusammenarbeit mit chinesischen Lieferanten bewährt. Allerdings sind es Kunden gewohnt, nicht allzu lange auf ihre Bestellungen warten zu müssen. Das wiederum erschwert den Prozess für einige Shopbetreiber enorm. Darüber hinaus sind Plattformen wie Temu oder AliExpress, die häufig als Bestellungsplattform für Dropshipper genutzt wurden, in eine breitere Öffentlichkeit getreten. Das macht es zunehmend schwerer, den eigenen Shop zu rechtfertigen. Das gilt zumindest dann, wenn man mit chinesischen Lieferanten zusammenarbeitet. Es ist auch möglich, dass man Dropshipping aus Europa betreibt und Verkäufe an europäische Unternehmen weiterleitet. Hierbei fungiert man als Vermittler und somit ähnlich wie ein Affiliate (dazu später mehr).

Agentur

Eine Agentur hat die Aufgabe, Dienstleistungen zu erbringen. Mit einer Agentur kannst du entweder deine eigenen Dienstleistungen strukturieren oder auch Arbeitsschritte outsourcen. Das Outsourcing bedeutet, dass du von einem Kunden Aufträge entgegennehmen kannst und die Arbeit dann an weltweite Freelancer weitergibst. Eine weitere Form der Agentur ist eine Vermittlungsagentur. Du kannst für Arbeitssuchende einen Arbeitsplatz finden, indem du zwischen Firmen und den Suchenden vermittelst. Sogar Partneragenturen kannst du gründen und auf dieser Basis einen Vermittlungsservice gründen. Gerade Vermittlungsservices lassen sich in Form von digitalen Anschlagbrettern automatisieren. Hierfür bietest du eine Plattform an, auf der Menschen ihre Angebote und Gebote abgeben können.

Affiliate- und Netzwerkmarketing

Unternehmen zahlen Geld, wenn du ihnen Kunden vermittelst. Hierbei gibt es grundlegend zwei Konstrukte: das Affiliate-Marketing und das Netzwerkmarketing. Bei dem Affiliate-Marketing handelt es sich um eine Empfehlung, die insbesondere in Blogs und unter Social Media Produzenten angewendet wird. In einem Blogpost wird über ein Thema geschrieben und gleichzeitig Werbung für ein Produkt gemacht, das auf der Seite verlinkt wird. Der Link besitzt eine Kennung des Partners, damit das Unternehmen weiß, über welche Webseite der potenzielle Kunde in den eigenen Shop gelangt ist. Sobald der Besucher das Produkt kauft, erhält der Partner (Blogbetreiber) eine Provision.

Das Netzwerkmarketing funktioniert ebenfalls über Empfehlung und kann sogar offline betrieben werden. Wie der Name schon sagt, handelt es sich beim Netzwerkmarketing um eine Form des Empfehlungsmarketings, bei dem ein persönliches Netzwerk im Vordergrund steht. Das Netzwerkmarketing ist vor allem im Bereich der Verbrauchsprodukte üblich und lohnenswert, da es auf einem Aboservice aufbaut. Du sprichst mit Freunden über das Produkt und überzeugst sie, es ebenfalls zu kaufen. Bei ihrer ersten Bestellung geben sie deine Kundennummer an (telefonisch oder im Onlineshop), damit du mit ihrem Account verbunden wirst. Im Gegensatz zum Affiliate-Marketing, bei dem ein einzelner vermittelter Kauf entlohnt wird, geht es um ein längeres, sich pflegendes Netzwerk. Das bedeutet, dass die Freunde, die dich ursprünglich angeworben haben, ebenfalls an deinem Erfolg beteiligt werden. Das hat den Hintergrund, dass die Tiefe des Netzwerkes belohnt werden soll und die Treue der angeworbenen Kunden. Die Freunde, die eine Stufe „über" dir stehen (Upline), haben ebenfalls Interesse daran, dass deine vermittelten Kunden aktive Nutzer werden. So werden sie dir ebenfalls bei dem Aufbau deines Netzwerks helfen. Alle Kunden, die du angeworben hast, haben ebenso wie du die Möglichkeit, ihr eigenes Geschäft darauf basierend aufzubauen. Dieses Vorgehen deiner Freunde sollte für dich sogar erstrebenswert sein, da du ebenfalls an ihrem Erfolg mitverdienst und sie unterstützen kannst. So hat man als Netzwerker kein Konkurrenzdenken, da jeder jedem hilft und dabei auch verdient. Viele Menschen verwechseln das Netzwerkmarketing fälschlicherweise mit einem Schneeballsystem, da auch bei dem illegalen System immer neue Mitglieder geworben werden sollen. Dieser Anschuldigung möchte ich aber aus mehreren Gründen widersprechen. Der erste Grund besteht darin, dass niemand gezwungen ist, weitere Kunden zu werben, damit sich „das Investment" lohnt. Jeder Kunde bekommt ein Produkt als unmittelbare Gegenleistung. Der zweite Grund ist, dass ein Schneeballsystem zusammenbricht, wenn keine neuen Kunden mehr gefunden werden und dadurch die Blase zum Platzen bringen. Bei dem Netzwerkmarketing steht immer noch der Vertrieb eines Produktes im Vordergrund. Das heißt, dass das Unternehmen, das dieses Vertriebsnetzwerk anbietet, diesen Kanal nutzt, um seine Marketingausgaben anders zu staffeln. Da es sich um ein Kaufmodell handelt, kann man als Kunde zudem immer aussteigen und die

Produkte nicht mehr nehmen, wenn man diese nicht mehr haben möchte. Schneeballsysteme sind hingegen oft reine Investmentprodukte, die Geld von unten nach oben umverteilen.

Abodienste

Wenn du ein Produzent von Inhalten bist, kannst du für deine Fans Abodienste anbieten. Du lädst deine Inhalte (Bilder, Videos, Bücher, Texte usw.) auf Social-Payment-Diensten wie Patreon oder Ko-fi (meinetwegen auch OnlyFans) hoch, auf denen deine Fans eine Mitgliedschaft im Austausch gegen exklusive Inhalte eingehen. Auch Contentplattformen wie YouTube und Instagram haben einen solchen Service bereits ab einer bestimmten Followerzahl integriert. Bei YouTube nennt man dies beispielsweise „Kanalmitgliedschaften".

Werbung und Beteiligung an Werbeeinnahmen

Eine weitere Möglichkeit, um als Contentersteller Geld zu verdienen ist über Werbung. Hier gibt es je nach Plattform unterschiedliche Ansätze. Wenn du eine Webseite betreibst, kannst du auf dieser Webseite Werbeplätze verkaufen. Hierfür kannst du dich beispielsweise bei Google AdSense registrieren und entsprechende Codeschnipsel einfügen. Dadurch werden deinen Webseitenbesuchern Werbeeinblendungen gezeigt. Das Geld verdienst du (je nach Modell), indem deine Besucher die Anzeige sehen oder auf sie klicken. Auch diesen Service haben YouTube und andere Plattformen bereits automatisch integriert. Du kannst dich für ein Partnerprogramm bewerben, mit dessen Hilfe du an den Werbeeinnahmen beteiligt wirst.

Digitale Produkte

Digitale Produkte sind immaterielle Produkte, die du auf deiner eigenen Webseite oder über Plattformen anbieten kannst. Diese können auch ganz klassisch Bücher und E-Books sein. Du schreibst ein Buch und lädst es bei einem „Print on demand"-Service hoch. Wenn eine Bestellung getätigt wird, kümmert sich der Service um die Abwicklung und du erhältst Tantiemen aus dem Verkauf. Ein weiteres gängiges digitales Produkt sind Onlinekurse. Diese kannst du entweder auf deiner eigenen Seite anbieten oder auch Plattformen wie Udemy oder Skillshare nutzen. Solltest du neu in dem Bereich sein, empfehle ich dir die Zusammenarbeit mit einer Plattform, da du dich hier nicht mit Hosting auseinandersetzen musst. Ein Nachteil ist allerdings, dass du in der Preisgestaltung stark eingeschränkt bist und oft eher von der Masse an Einschreibungen in deinen Kurs lebst, statt mit einem Kursverkauf auf einen Schlag mehr Geld zu verdienen. Weitere digitale Produkte sind Stockfotografien- und Grafiken, die du bei Fotoportalen wie iStock, getty, panthermedia oder sogar Adobe anbieten kannst. Ähnlich verhält es sich mit Designvorlagen, Templates, Sportplänen, Spiele-PDFs,

Videospielen, Hörbüchern oder Filmen, die du digital auf Amazon vertreiben kannst. Grundsätzlich lässt sich festhalten, dass man jede Form von Medieninhalten in ein digitales Produkt verwandeln kann. Die kreativen Möglichkeiten sind also kaum beschränkt.

Software as a Service

Adobe und andere Unternehmen machen es vor: Sie bieten ihre Software und Softwaredienste als Abonnement an. Wenn du in der Lage bist, eine Software zu entwickeln oder zumindest die Idee für eine Software hast, kannst du diese umsetzen und als Servicedienstleistung anbieten. Das Gleiche gilt auch für mobile Apps und alles, was man an online Services anbieten kann. Gerade das Arbeiten mit künstlicher Intelligenz und Services, die diese Modelle mit einem Interface verbinden, werden in den kommenden Jahren viele Möglichkeiten eröffnen.

Schlussfolgerung

Es gibt viele Möglichkeiten, wie man online Geld verdienen kann. Für die oben genannten Modelle gibt es bereits Templates von anderen, die erfolgreich in einer Nische sind. Diese kannst du zum großen Teil kostenlos auf Blogs erhalten oder auch in verschiedenen YouTube-Videos. Wenn du die Grundprinzipien der oben genannten Modelle verstehst, bist du auch in der Lage, diese miteinander zu kombinieren und daraus deine eigenen Modelle zu entwickeln. Du musst das Rad nicht neu erfinden, um ein Geschäft aufzubauen. Kopiere das, was schon funktioniert mit deinen individuellen Fähigkeiten und mache es besser.

So entwickelst du dein eigenes Geschäftsmodell

Nachdem wir uns angeschaut haben, welche großen Möglichkeiten das Netz bereits jetzt bietet, möchte ich dich dazu motivieren, dein eigenes Geschäftsmodell zu entwickeln. Dafür kannst du vorhandene Komponenten miteinander verbinden und zu einem neuen Modell zusammenführen. Du kannst aber auch durch dein Wissen in einem bestimmten Bereich, ein eigenes Modell entwickeln. Hierbei gilt grundsätzlich, dass unser Geist und unsere Ideen nur durch unser Wissen limitiert sind, nicht aber durch die vorhandenen Möglichkeiten, denn diese sind unendlich. Darum ist mein Tipp, immer aufgeschlossen zu sein und sich aktiv weiterzubilden. Wenn du motivierende YouTube-Videos und Dokumentationen statt Serien schaust, wenn du Fachbücher und Zeitschriften statt Zeitung liest und wenn du Inhalte erstellst, statt durch Social Media zu scrollen, hast du den meisten Mitmenschen etwas voraus. Deine Chancen stehen also gut, dass dir nur ein kleiner Schritt zum gewünschten Erfolg fehlt. Starten wir also mit den Schritten für dein eigenes Geschäftsmodell.

Ich habe dieses Buch nicht ohne Grund in den ersten Teilen und Kapiteln auf dich und dein Mindset fokussiert. Letztendlich geht es darum, dass du ein Modell entwickelst, das zu dir persönlich passt oder du ein bestehendes Modell zu deinem eigenen machst. Der erste Schritt zur Entwicklung deines eigenen Geschäftsmodells besteht im Brainstorming und der intensiven Auseinandersetzung mit dir und deinen Interessen, Vorlieben, Talenten und Eigenschaften. Überlege dir, was du gerne machst und was du besonders gut kannst, wofür andere Menschen gerne Geld zahlen würden. Je mehr dir dabei einfällt, desto besser. Im ersten Schritt geht es noch nicht um die Bewertung deiner Gedanken, sondern ausschließlich um das Sammeln.

Als nächster Schritt verschaffst du dir einen Überblick über mögliche Erlösmodelle. Diese legen fest, auf welchem Wege du dein Geld erhältst.

- Du kannst dein Einkommen **direkt über Transaktionen** erhalten, wenn du etwas unmittelbar verkaufst. Das beste Beispiel aus der Onlinewelt ist hier der eigene Onlineshop im E-Commerce.
- **Transaktionsunabhängige Erlöse** sind beispielsweise Abonnementmodelle wie Netflix. Konkret kann das für dich das Einkommen über eine Software-as-a-Service-Dienstleistung sein.
- **Indirekte transaktionsabhängige Erlöse** sind Erlöse, die über einen Vermittler abgewickelt werden. Das Geld fließt allerdings bei einem unmittelbaren Verkauf. Das können Einnahmen

von Tantiemen beim Buchverkauf sein. Ein indirekter transaktionsunabhängiger Erlös ergibt sich beispielsweise durch das Schalten von Onlinewerbung.

Nachdem du diesen Überblick wahrgenommen hast und dir überlegst, wie du dein Geschäftsmodell strukturierst, kannst du dich mit dem grundlegenden Konzept beschäftigen. Das Aufstellen deines Konzeptes ist abhängig von der Marktforschung und den Verhandlungen mit möglichen Lieferanten. Bei der Marktforschung geht es darum, herauszufinden, welche deiner Ideen am meisten Potenzial auf einem Markt hat. Du kannst hierfür eine ausführliche Primärforschung machen, indem du potenzielle Zielgruppenmitglieder befragst, was sie sich wünschen und welchen Service sie sich vorstellen. Wenn du diese Umfrage selbst gestaltest, hat das den Vorteil, dass du der Eigentümer deiner Daten und Erkenntnisse bist. Kein anderer hat Zugriff auf diese, was dir einen Wettbewerbsvorteil verschaffen kann. Du kannst als nächsten Schritt auch eine Onlinerecherche machen. Google Trends bietet sich beispielsweise dafür an, um Trends im Internet nach Themen und Regionen zu filtern. Es zeigt dir zudem, wie aktiv nach einem bestimmten Thema gesucht wird. Als weiteren Schritt kannst du auf Social Media in Themengruppen, Foren und Unterforen auf Reddit wahrnehmen, worauf deine Zielgruppe achtet. Alle gesammelten Informationen kannst du sowohl in dein Geschäftsmodell als auch in dein Produkt direkt übernehmen. Ab diesem Schritt bildet sich dein Geschäftsmodell konkreter aus.

Sobald du weißt, was du machen möchtest und worauf deine Zielgruppe wert legt, startest du mit der Suche nach Lieferanten, die dir das liefern können, was du suchst. Hierfür kannst du auch eine Internetsuche machen. Es gibt Portale, auf denen man als Lieferant Profile zur Präsentation anlegen kann, auf denen du in direkten Kontakt mit ihnen treten kannst. Dein Geschäftsmodell kannst du ebenfalls in Absprache mit deinen Lieferanten weiterentwickeln. Sie liefern dir Informationen, wie du dein Modell gestalten solltest, um einen reibungslosen Ablauf zu garantieren.

Wenn du die Grundlagen für dich festgelegt und in eine Form gegossen hast, kannst du dein Geschäftsmodell starten. Besonders wichtig ist hierbei das Konzept des MVP (minimum viable product). Diesen Begriff kennst du vielleicht aus agilen Prozessen wie Scrum oder dem Lean-Startup-Modell. Bei dem MVP handelt es sich um ein minimal einsetzbares Produkt, das du bereits verkaufst. Es besitzt noch nicht alle Eigenschaften, die für dein Endprodukt geplant sind. Dennoch hat es zwei grundlegend wichtige Funktionen. Zum einen dient es zur Markterprobung. Du prüfst durch die Veröffentlichung deines MVP, ob es in der Praxis einen Markt für dein Produkt gibt. Wenn es sich gut verkauft, kannst du stetig Verbesserungen und Weiterentwicklungen vornehmen. Da es noch nicht so viele Eigenschaften enthält, kannst du schneller mit einer größeren Wahrscheinlichkeit deinen Break-Even-Point (der Punkt, an dem die Kosten von dem Erlös gedeckt werden) erreichen. Das klassische Konzept des MVP stammt aus der Softwareentwicklung, kann aber auch auf andere Bereiche eingesetzt werden. Sobald du Feedback von deinen Kunden erhältst, kannst du dein Produkt anpassen und verbessern.

In diesem Kapitel haben wir den Prozess der Findung eines Geschäftsmodells nur grob angeschnitten. Es gibt weitere Schritte, die du für die Anpassung deines Business angehen kannst. Diese Anpassung ergibt sich meistens aus dem konkreten Fall, deinen eigenen Vorlieben und natürlich aus deinen Ergebnissen der Recherche und des Brainstormings. In einigen Fällen ist es sogar ratsam, einen Berater zur Seite zu ziehen, der entweder bereits selbst ein Geschäft gegründet hat oder schon einige Gründungen begleiten konnte.

Eigenes Geschäftsmodell in der Praxis

Da wir in dem vorherigen Kapitel den Erschaffungsprozess des Geschäftsmodells angeschnitten haben, möchte ich jetzt eine Geschichte aus der Praxis erzählen. Ein Bekannter, mit dem ich studiert habe, hat sich nach dem Studium mit einem Orangenhandel selbstständig gemacht. Das Vorgehen des Erschaffens des Geschäftsmodells ist auf seiner Persönlichkeit, seinem Umfeld und den Marktgegebenheiten begründet. Er besaß schon während des Studiums die Philosophie „Ich arbeite lieber für mich selbst und verwirkliche meine Träume, als dass mich jemand dafür bezahlt, **seine** Träume zu verwirklichen."

Durch seine Freundin, die Italienerin ist, war er zu Studienzeiten häufig auf Orangenplantagen unterwegs. Der Großvater seiner Freundin betrieb eine eigene Plantage und war viel von Händlern aus dem EU-Ausland abhängig. Er spürte, dass die Händler seine Preise drückten und er seine Orangen nicht zu dem Preis verkaufen konnte, den er eigentlich für angemessen hielt. Diesen Zustand konnte mein Bekannter nicht lange beobachten und er entwickelte eine Strategie, um Orangen zu einem fairen Preis von umliegenden Plantagen einzukaufen und nach Deutschland zu bringen. Die Früchte waren dabei hervorragender Qualität. Diese Qualität konnte bereits ein Alleinstellungsmerkmal an sich sein.

Mein Bekannter entwickelte eine Methode, mit der er kostengünstig und vor allem frisch die Orangen importieren konnte. Da kam ihm die Idee: Ein vor Ort gepresster Orangensaft mit Fruchtfleisch, der in einer vakuumierten Flasche in kleinen Lastwagen nach Deutschland transportiert werden konnte. Er suchte sich im Nachbardorf einen Lieferanten von Flaschen, der zudem eine Abfüllanlage in der Nähe empfahl. Mein Bekannter kaufte dem Großvater seiner Freundin einige Kilo Orangen zu dem genannten fairen Preis ab und produzierte den Orangensaft mit einer manuellen Presse und ließ diesen dann wenige Kilometer vom Ursprungs- und Bearbeitungsort abfüllen. Die erste Lieferung brachte er mit seinem Privatwagen nach Salzgitter und rührte lokal die Werbetrommel. Seine Idee kam an und er engagierte Fahrer, um die Flaschen regelmäßig an seinen

Verkaufsplatz (Point of Sale) zu bringen. Da die Plantageneigentümer für den fairen Preis so dankbar waren, unterstützen sie vor Ort die Weiterverarbeitung und die Abfüllung des Orangensaftes. Mein Bekannter hatte also im Großen und Ganzen nicht mehr viel Arbeit vor Ort zu tun. Sein Part war der Vertrieb in Deutschland, um sicherzustellen, dass er die Preise auch nach wie vor zahlen konnte. Der Vertriebsweg des Orangensaftes war anfangs vor Ort, allerdings vertreibt er diesen heute online über die ganze DACH-Region.

Schauen wir uns einmal an, was genau mein Bekannter hier gemacht hat. Er hat einen Bedarf auf zwei Seiten gefunden: Die Plantagenbesitzer wollten ihre Orangen zu dem bestmöglichen Preis verkaufen. Er erkannte aber auch einen Bedarf an qualitativ hochwertigem Orangensaft, der durch kurze Vertriebswege frisch gehalten wurde. Ein Saft aus der Flasche, der wie frisch gepresst schmeckt, ist durchaus ein hervorragendes Produkt. Das Erlösmodell ist ebenfalls klar: Es handelt sich um einen direkten transaktionsabhängigen Erlös. Die Vertriebsstruktur war bereits in der Modellfindung vorhanden. Es mussten also nur kleinere Anpassungen vorgenommen werden.

Spezialisierung ist für 'n Arsch!

Hast du dich schon einmal gefragt, warum der Mensch fähig ist, überall auf der Welt zu leben und die ganze Erde bevölkern kann, während einige Tierarten nur in fest bestimmten Ökosystemen überleben können? Ist es die menschliche Intelligenz? – Vielleicht, aber warum hat sich diese Form der Intelligenz erst bei unseren Vorfahren entwickelt und nicht schon Jahrmillionen davor? Unsere Vorfahren und damit auch der Mensch schienen einen Wettbewerbsvorteil gegenüber anderen Spezies zu besitzen. Unsere Vorfahren waren in der Lage, zu jagen, also Fleisch zu konsumieren und Pflanzen zu sich zu nehmen. Andere Jäger wie Tiger, Löwen und Co. haben hingegen einen festgelegten Speiseplan und essen ausschließlich Fleisch. Herbivoren essen nur Pflanzen. Sie sind davon abhängig, dass in dem Ökosystem, in dem sie leben, ihre Nahrungspflanzen immer vorhanden sind. Die Jäger, die sich an ihre Beutetiere angepasst haben, sind davon abhängig, dass sich die Pflanzenfresser ebenfalls in ihrem Ökosystem bewegen. Besonders deutlich wird die Abhängigkeit vom Ökosystem beim Koalabären. Er kann nur in Wäldern zu überleben, in denen Eukalyptus wächst. Wenn der Eukalyptus aussterben sollte, wird auch der Koala aussterben. Viele Tierarten sind bereits auf diese Weise ausgestorben. Der Grund dafür ist, dass diese Tiere Spezialisten sind. Sie sind abhängig davon, dass ihr Ökosystem konstant bleibt. Der Mensch hingegen ist von Natur aus ein Generalist und konnte deswegen die ganze Welt bevölkern.

Genauso ist es auch in der Geschäftswelt. Es gibt Unternehmen, die so sehr auf eine Marktnische spezialisiert sind, sodass sie krisenanfällig sind. Sobald es Turbulenzen in ihrer Nische gibt, wackeln sie und fallen um. In Deutschland ist seit längerem die Automobilindustrie die dominierende Industrie. Sie ist maßgeblich für die Wirtschaftsleistung Deutschlands verantwortlich und bildet für eine Vielzahl an Unternehmen die Absatzgrundlage. Es wurden Unternehmen gegründet, die ausschließlich darauf spezialisiert sind, die großen Automobilhersteller zu beliefern. Der Absatz dieser Unternehmen ist also nur von der Nachfrage der großen Hersteller abhängig. Doch damit nicht genug: In der Autostadt Wolfsburg gibt es eine Vielzahl an Zuliefererunternehmen, die **ausschließlich** an Volkswagen verkaufen. Sollte es dem Unternehmen VW schlecht gehen oder sollte es gar ins Ausland gehen, werden die Zulieferunternehmen aufhören zu existieren. Sie sind wie der Koalabär: Wenn der Eukalyptus ausstirbt, sterben sie auch.

Aus diesem Grund halte ich Spezialisierung in der Geschäftswelt für gefährlich. Als Unternehmer darf man sich nicht darauf verlassen, dass eine Marktnische für immer funktionieren wird und dass man sich auf seiner Ausbildung ausruhen sollte. Als Unternehmer sollte man immer darauf achten, Generalist zu bleiben. Man muss über den Tellerrand schauen und neue Marktpotenziale entdecken, seine Stärken ausbauen und sich in neue Gebiete vorwagen.

Die Spezialisierung ist auch und vor allem als Contentcreator gefährlich. Nehmen wir an, du bist erfolgreicher Videoproduzent auf YouTube. Du hast Millionen Abonnenten und erhältst regelmäßig Werbedeals auf YouTube. Davon hast du ein gutes Einkommen und konzentrierst dich ausschließlich auf deinen Kanal. Doch über Nacht ist deine ganze

Einkommensquelle weg. Vielleicht, weil du die AGB verletzt hast und blockiert wurdest, vielleicht hat YouTube den Algorithmus geändert und du bekommst keine Zuschauer mehr oder es ist ganz aus der Landschaft der Medien verschwunden. So unwahrscheinlich sind diese Szenarien nicht. Aus diesem Grund ist das Nutzen von mehreren Medienplattformen parallel und eine Strategie mit eigener Webseite und eigenen Servern ein wichtiger Anker. Spezialisierung kann also auch in der digitalen Welt den Tod bedeuten.

Jetzt kommt aber das Interessante an der Geschichte: Die Spezialisierung ist für viele Unternehmen der Erfolgsfaktor schlechthin. In einem Konsumentenmarkt mit geringen Eintrittsbarrieren und starker Konkurrenz ist man als Unternehmer oft gezwungen, sein Vorhaben zu spezialisieren. Nur mit Spezialisierung und Blick auf eine bestimmte Marktnische kann man sich heutzutage behaupten. Wenn Kunden ein spezielles Problem lösen wollen und du genau die maßgeschneiderte Problemlösung anbieten kannst, wirst du einige Kunden von dir überzeugen. Darum sollte man sein Unternehmen spezialisieren.

Hä? – Aber Patrick, du hast doch eben gesagt, dass ich kein Koalabär sein soll. Was 'n das jetzt?

Jap, das mag im ersten Moment widersprüchlich klingen. Jedoch macht es doch Sinn. Es geht um die Positionierung oder die Expertise in der Positionierung. Deine Aufgabe ist es, dein Business so zu positionieren, dass du eine glaubhafte Nachfrage erhältst. Versetzten wir uns in die

Lage eines Kunden hinein. Du (als Kunde) möchtest deine Instagram Follower von 50 auf 50.000 steigern. Mehrere Agenturen bieten in dem Bereich Services an. Es ist also kein Problem, einen Anbieter zu finden, der nützliche Angebote macht. Eine Full-Service-Agentur und eine spezialisierte Instagram-Agentur bieten dir ihre Leistungen an. Beide Services kosten dich in etwa gleich viel. Wofür entscheidest du dich? – Wahrscheinlich für die Spezialisten. Der Generalist hat vielleicht auch viele gute Vorschläge, jedoch macht der Spezialist nichts anderes. Er hatte bereits viele Kunden, die exakt das gleiche Problem hatten und konnte dies lösen. Für den Generalisten ist es vielleicht der erste oder zweite Auftrag in diesem Bereich. Die Spezialisierung kann also einen Vertrauensvorschuss geben.

Darüber hinaus hat die Spezialisierung Vorteile in der Erstellung von Prozessen. Da nicht jeder Auftrag von Anfang an maßgeschneidert werden muss, existieren in dem spezialisierten Unternehmen Prozesse, die Zeit und damit Kosten einsparen. Spezialisten haben also Vorteile bei der Positionierung und sparen dabei auch noch Geld. In einem hoch kompetitiven Verbraucher-Markt, in dem jeder um die Aufmerksamkeit potenzieller Kunden buhlt, ist eine Spezialisierung oft sogar die einzige Möglichkeit, einen profitablen Markt zu finden. Solltest du also ein Spezialist werden?

Um es abzukürzen: Spezialisiere dein Angebot, aber nicht dich selbst! Wenn du eine profitable Marktnische gefunden hast, baue dir ein Unternehmen auf, das bestmöglich von der Nische profitiert. Nimm alles mit, was du bekommen kannst. Wenn du expandierst, lohnt es sich auch, Spezialisten einzustellen. Behalte aber dein Marktumfeld immer im Blick. Wenn du merkst, dass andere Märkte ebenfalls profitabel sein könnten, scheue dich nicht, einen Ausflug in diese Märkte zu machen. Das verhindert, dass du dich zu sehr von deiner Nische abhängig machst. Der Blick über den Tellerrand verhindert, dass du ein Fachidiot wirst und immer offen für Veränderungen bist. Unternehmen, die sich auf die Automobilindustrie spezialisiert haben, haben durchaus Potenzial, langfristig am Markt zu bestehen. Das gilt selbst dann, wenn VW den Auftrag zurückziehen sollte.

Ein Unternehmen, das Software für die Automobilindustrie entwickelt, hat auch die Fähigkeiten und Ressourcen, andere Programme zu schreiben. Wenn dies unter einer anderen Marke geschehen soll, dann ist das so. In dem Fall ist es sogar richtig so. Wichtig ist nur, dass man nicht stehen bleibt, sein eigenes Potenzial erkennt und aus der ursprünglichen Nische heraus expandiert, um nicht abhängig zu bleiben. Gute YouTuber melden sich auch auf Instagram, X und anderen Netzwerken an. Sie haben ihre eigene Webseite, sollten die bisherigen Einkommensquellen einbrechen.

Beim Gründen von Startups spricht man auch oft von der Beachhead-Strategie. Diese Strategie kommt ursprünglich aus dem Militär. Es ging darum, dass sich eine Armee zuerst auf einen kleinen einzunehmenden Abschnitt konzentrierte, diesen einnimmt und hier eine Basis errichtet. Ausgehend von dieser Basis erobert die Armee Stück für Stück weitere Gebiete und festigt so ihre

Position. Dieses Vorgehen kann man insbesondere bei der Unternehmensgeschichte von Amazon erkennen. Jeff Bezos gründete Amazon zunächst als einen reinen Buchversand. Später kamen weitere Produkte hinzu, die Amazon in ein Online-Warenhaus verwandelten, in dem man alles bekommen kann. Doch die Expansion endete dort nicht. Amazon Kindle Direct Publishing machte später den klassischen Verlagen Konkurrenz, Amazon Prime Video wurde vom reinen Streaminganbieter zu einem anerkannten Filmstudio, das mit den großen Hollywoodstudios konkurriert. Audible mischt den Markt im Bereich Hörbücher, Hörspiele und Podcasts auf. Nicht zu vergessen ist das hauseigene Liefersystem und die eigene Logistik von Amazon, sowie der eigene Clouddienst AWS. Das alles begann mit einem Buchversand.

Um es einmal zusammenzufassen: Spezialisierung und der Fokus auf nur eine Nische wird den wirtschaftlichen Tod bedeuten. Positionierung und Handlungsfähigkeit ist der Schlüssel für langfristigen Erfolg. Funktioniert eine Nische nicht mehr, scheue dich nicht, dich umzusatteln.

Teil 5- so machst du's richtig

Im fünften Teil schauen wir uns das Grundproblem an, wo kleine Fehler liegen könnten. Diese Fehler verursachen, dass dein Onlinebusiness nicht das Potenzial entfaltet, was eigentlich in ihm steckt. Es handelt sich hierbei meistens um kleine Justierungen, die du vornehmen kannst, um deinen Geldfluss oder die Aufmerksamkeit zu steigern.

Das Problem, dass meine veröffentlichten Projekte und Produkte nicht auf die gewünschte Resonanz stoßen, kenne ich nur allzu gut. Es ist frustrierend, wenn man seine eigenen Produkte sieht, sie mit anderen Produkten vergleicht und sich denkt: „Eigentlich sind meine sogar besser als die anderen. Warum will sie dann keiner haben?" Die harte Realität sieht nicht selten so aus, dass man ein Projekt mit großen Ambitionen startet. Man erstellt ein Produkt und veröffentlicht es. Nach wenigen Tagen online hat sich aber niemand für dein Produkt oder deine Onlineaktivitäten interessiert. Frustriert stampft man sein Projekt deswegen wieder ein. Dabei können kleine Änderungen große Wirkungen erzeugen.

In diesem Teil werde ich dir die Fehlerquellen zeigen, die meistens zu diesem Problem führen. Tritt also einen Schritt zurück und betrachte deine bisherigen Aktivitäten kritisch. Während du die folgenden Punkte durchliest, stelle dir die Frage: „Könnte das der Grund sein, weswegen es nicht so läuft, wie es soll?" Dabei ist es egal, ob es um einen Produktlaunch oder einen Social-Media-Kanal geht. Wenn man nach der Aufmerksamkeitsökonomie geht, sind sowohl kaufbare Produkte als auch Beiträge, die Aufmerksamkeit bekommen sollen, wirtschaftlich gleichzustellen. Nur die Währung ist anders.

Das Hauptproblem

Ja, ich habe bewusst diesen provokanten Buchtitel gewählt. Nicht zuletzt auch, weil bei meiner vorletzten Buchveröffentlichung genau das meine Gedanken waren. Dabei liegt der Fehler bereits im Mindset. „Warum kauft keiner meinen Scheiß?" ist eine Aussage, die mir tatsächlich so in den Sinn kam. Das ist zugegeben ein wenig beschämend, denn es würdigt meine Arbeit und mein Produkt herab.

Ich möchte aber auf die Wichtigkeit des Hauptproblems eingehen und dazu ein wenig ausholen. Kurz bevor ich damit begann, dieses Buch zu schreiben, las ich das Buch „The science of getting rich" von Wallace D. Wattles. Dieses Buch hat mir in vielerlei Hinsicht die Augen geöffnet und mich hervorragend auf neue Schritte vorbereitet, die mich an alle meine Ziele führen werden. Daher lege ich dir auch ans Herz, dir dieses Buch einmal zu Gemüte zu führen. Dieses Buch lässt sich, auch wenn es christlich-spirituelle Ansätze verfolgt, in eine für heute rationalere Weise „übersetzen". Da das Buch gemeinfrei ist, kannst du es dir sogar kostenlos und legal aus verschiedensten Quellen im Internet besorgen.

Eine der Grundlehren des Reichwerdens nach Wattles ist, dass man seinem Kunden stets mehr Wert bieten soll, als er monetär gezahlt hat. In dieser Erkenntnis kann der erste Grund liegen, warum einige Onlinegeschäfte nicht so laufen, wie man es sich vorgestellt hat. Wenn man (insbesondere digitale) Produkte auf den Markt bringt, sollten sie das Problem lösen und einen gemessen am Preis höheren Nutzen haben. Damit meine ich nicht, dass man sich unter Wert verkaufen sollte. Vielmehr geht es darum, dass der Nutzen von den Kunden so hoch bewertet wird, dass es unmöglich ist, Kaufreue zu entwickeln. Er wird nach dem positiven Kauferlebnis zu seinen Freunden gehen und dein Produkt oder Service ebenfalls weiterempfehlen. Durch diesen Vorgang hast du einige Empfehlungen und den ersten „Social Proof". Das bedeutet, dass Menschen eine Kaufentscheidung treffen, wenn sie hören, dass andere bereits zufrieden waren. Je mehr andere Menschen damit zufrieden waren, desto besser. Es handelt sich psychologisch um einen Bewertungs- und Abwägungsmechanismus von einzelnen Personen. Niemand will der erste sein, der ins kalte Wasser springt. Wenn es aber den „Vorspringern" gut gefällt, will man auch. Der Social Proof wird im Onlinebusiness insbesondere durch Bewertungen auf den Marktplätzen (z.B. Amazon) oder Bewertungsportalen (z.B. Trustpilot) erzeugt. Es ist daher ratsam, deinem Kunden nach dem Kauf daran zu erinnern, dass er eine Bewertung auf eben diesen Portalen abgeben soll.

Glaubhafte Bewertungen und echte Weiterempfehlungen sind tatsächlich nur dann möglich, wenn der Grundsatz von kleinerem Preis und höherem Nutzen gegeben ist. Sollte es nicht gegeben sein und andere Kunden bewerten deinen Service oder dein Produkt schlecht, kann das negative Auswirkungen haben. Das gilt auch, wenn du dir positive Bewertungen „kaufst". Irgendwann werden echte Kunden dahinterkommen und du hast eine schlechtere Ausgangslage. Das Kaufen von Bewertungen ist generell eine schlechte Idee, da es mit den meisten Geschäftsbedingungen von Portalen nicht kompatibel ist. Du würdest also dein gesamtes Business riskieren.

Der vorgelagerte Tipp, um das Hauptproblem zu lösen ist, dass dein Produkt einfach kein „Scheiß" sein sollte. Du musst voll und ganz hinter deinem Produkt stehen und es auch selbst anwenden wollen. Stelle dir einen typischen Kunden vor, der dein Produkt oder deine Lösung nutzt. Überlege dir, ob du an der Stelle eines Kunden mit deinem Produkt glücklich wärst. Am besten kannst du diese Information erhalten, indem du dein Produkt an Freunde weiterempfiehlst. Wenn du mit deinem Namen für das Produkt stehst und von ihm überzeugt bist, kannst du es ebenfalls guten Gewissens weiterempfehlen. Wenn du es mit dir selbst verbindest und für gut hältst, wirst du auch bewusst in deinem eigenen Namen für dein Produkt Werbung machen.

Ich habe mich selbst oft dabei erwischt, dass ich ein Produkt veröffentlicht habe, es aber keinem persönlichen Kontakt gezeigt habe. Warum nicht? – Weil ich nicht unmittelbar hinter meinem Produkt stand. Diese Tatsache ist mir leider sehr spät bewusst geworden. Das Floppen von einiger meiner Produkte war somit vorprogrammiert.

Hätte ich in diese Produkte mehr „Schweiß", Arbeitskraft und Motivation fließen lassen, hätte ich sie guten Gewissens an Freunde weiterempfohlen, die wiederum einem erweiterten Kreis davon erzählt hätten. Dieser Vorgang wäre ein Motor für mein Geschäft gewesen. Stattdessen habe ich die Produkte veröffentlicht und niemandem davon erzählt, in der Hoffnung, dass sie potenziellen Käufern durch den Marktplatzalgorithmus vorgeschlagen werden. Das war tatsächlich oft der Fall, allerdings fehlte mir in diesem Bereich meistens der vorhin erwähnte „Social Proof", was ein weiterer Grund für das Scheitern vieler meiner Produkte war. Das ist wiederum ein ärgerlicher Umstand. Schließlich ist in die Erschaffung des Produktes Arbeit und vor allem Zeit geflossen. Diese hätte ich auch anders investieren können.

Ich kann dir nur ans Herz legen, dass du ein Produkt oder ein Serviceangebot erstellst, das du selbst als gut empfindest. Du kannst es ohne schlechtes Gewissen deinen Freunden empfehlen. Stecke in die Marktforschung und in die Kreation deiner wichtigsten Geschäftssäule so viel Arbeit wie möglich, um ein Produkt zu entwickeln, das du gerne weitergibst. Auch wenn du im ersten Moment darüber nachdenken solltest, dass ein MVP nicht so viel Aufwand benötigt, solltest du bereits bei der Erstellung von diesem dein Bestes geben. Wenn dein „kleinstmögliches Produkt" bereits von deinen Kunden und dir geliebt wird, wird die Weiterentwicklung noch sehnlicher erwartet. Das bedeutet für dich und dein Geschäft ein größtmögliches Potenzial.

Begeisterung für dein Produkt

Du hast eben gesehen, dass dein Produkt gut sein muss. Es darf schlicht kein „Scheiß" sein. Um herauszufinden, ob du gut genug von deinem Produkt überzeugt bist, kannst du den „Vertriebstest" machen. Da ich selbst (viel zu) lang im Vertrieb gearbeitet habe, weiß ich, dass man ein unnatürliches Verhältnis zu dem Produkt entwickeln kann, das man vertreibt. Man ruft potenzielle Kunden an, fällt in eine Bittstellung und macht sich unnötig nervös. „Jetzt muss doch endlich ein Abschluss zustande kommen!", „hoffentlich kauft er den Mist...", „es muss jetzt endlich klappen": Das alles sind Gedanken, die einem im Vertrieb hin und wieder durch den Kopf geistern. Man verkrampft mit dieser Haltung aber nur. Dieses Verkrampfen ist auch ein Symptom dafür, dass man nicht an das glaubt, was man verkauft.

Um das zu verdeutlichen, möchte ich dir eine kleine Geschichte aus einem viralen Internetvideo erzählen. Ein Unternehmer und YouTuber befindet sich in Manhattan und spricht Leute an. Er hat einen wahnsinnig guten Deal: Er schenkt den Leuten ohne Gegenleistung einen Goldbarren (1 Unze). Dabei verhält er sich wie der typische Flyerverteiler. Er lächelt die Leute an und hält ihnen das Gold entgegen. Einige nehmen es an, andere nicht. Er ist aber auch mit Ignoranz und bösen Blicken konfrontiert. „Einfach so einen Goldbarren verschenken, das gibt es doch gar nicht!", mögen sich einige der Passanten gedacht haben. Das Wichtige hieran ist, dass der Unternehmer beim Verteilen des Goldes nie die Lust verliert, immer freundlich und motiviert bleibt und jede

noch so fiese Ablehnung weglächelt. Wieso kann er das? –
Liegt das daran, dass er ein Profi ist?

Wahrscheinlich war der junge Mann ein Profi, das lässt
sich nicht leugnen. Der Kern ist aber ein anderer. Er
wusste, dass er den Menschen mit seinem Geschenk etwas
Gutes tut. Wer hat schon die Möglichkeit, Gold für umme
zu bekommen? Wenn die Menschen ablehnen, sind sie
selbst schuld. Das vermiest ihm nicht das Gemüt. Er weiß,
dass er etwas anbietet, was wertvoll ist. Finanziell
betrachtet ist es sogar besser, wenn sie ablehnen. Bei
Ablehnung verliert der Mann kein Geld und kann das
Experiment weitermachen.

Diese Lehre kann man in den Vertrieb mitnehmen. Wenn
man vollständig von seinem Produkt überzeugt ist, wird
man im Vertrieb lockerer. Man verkrampft nicht. Man
weiß, dass man etwas Gutes anzubieten hat und ärgert
sich nicht über verpasste Verkaufschancen. Du hast etwas
Wertiges anzubieten, also wird es auch eine
Abnehmerschaft finden. Was interessieren dich da
Absagen irgendwelcher Leute? – Lehnen sie ab, haben sie
verloren, nicht du!

Dieses Mindset verleiht dir Lockerheit im Umgang mit
Menschen. Es dreht die Sichtweise schlicht um. Statt die
Ansicht (direkt oder indirekt) zu haben, dass man selbst
der Bittsteller ist, erkennt man, dass die anderen eigentlich
etwas von dir wollen. Das ist ein wahnsinnig wichtiger
Shift im Mindset und die Grundlage für deinen Verkauf.

Doch warum schreibe ich dir das ausgerechnet in diesem Kapitel, wenn wir das große Thema des Marketings und Vertriebs noch vor uns haben? – Weil es ein neben dem Vertriebs- auch ein Produktthema ist! – Wenn du wirklich von deinem Produkt überzeugt bist, viel Herzblut in die Entwicklung gesteckt hast, du weißt, dass es deine Kunden brauchen, dann bist du automatisch im richtigen Mindset. Dich stört es nicht, wenn es abgelehnt wird. Dann kannst du dir einfach denken: „Okay, wer nicht will, der ist schon bedient." Dadurch entwickelst du eine Leichtigkeit und verkrampfst nicht auf deinem Weg zu deinem Traumleben.

Manche Kunden sind einfach Arschlöcher!

Dieses Thema schließt direkt an die Mindset-, Vertriebs- und Begeisterungsthemen an, die wir in den vorherigen Kapiteln angesprochen haben. Als ich im Vertrieb war, hatten wir einen Kunden, an den ich unbedingt verkaufen wollte. Es war sogar mein erster selbst generierter Kunde und ich war kurz vor dem Verkauf. Zumindest dachte ich das. Er hatte zuvor unseren Preis auf das absolute Minimum heruntergehandelt, sodass kaum noch etwas vom Deckungsbeitrag übrigblieb. Und doch unterschrieb er den verdammten Kaufvertrag nicht. Er setzte Meeting nach Meeting an und hielt mich immer hin. Auch meine Geschäftsführer waren in den Prozess bereits involviert. Nach einigen Wochen hin und her setzte mein Vorgesetzter meinen Kunden in der Datenbank auf „Do not work with" (nicht zusammenarbeiten). Dieser Status war in unserer Datenbank eine Warnung, dass man den Kunden nicht mehr kontaktieren dürfe. Für mich war das natürlich schade: Mein erster eigener Kunde und dann durfte ich nicht mehr mit ihm zusammenarbeiten?

Im Nachhinein verstehe ich diese Entscheidung komplett und ich würde es ebenso machen. Schließlich habe ich zu viel Zeit mit einem Kunden verschwendet, der zwar unsere AGB unterzeichnet hatte (was für mich ein großer Erfolg war), aber keine Produkte abnahm. Der Cashflow war mit diesem Kunden also nicht gegeben.

Dunkel erinnerte ich mich an mein Studium. Da war doch etwas mit A, B, und C-Kunden? – In der Betriebswirtschaft gliedert man Kunden in A, B, C und manchmal auch weitere Kategorien ein. Der Grund hierfür ist, dass man direkt erkennt, wie viel Potenzial und tatsächlichen Umsatz man mit dem Kunden hat. Dieses Potenzial ist aber nicht nur rein monetär zu verstehen. Wenn ein Kunde die bestmöglichen Konditionen für uns annimmt, heißt das nicht, dass er unsere Produkte auch zu diesen abnimmt. Gute Konditionen machen also nicht direkt einen A-Kunden. Es kann sein, dass er dann zu hohe Ansprüche stellt und letztlich nicht kauft. Die Einstufung in die Kategorien hängt also neben den monetären Faktoren auch von menschlichen Faktoren ab. Meine Vorgesetzten sagten mir, dass es eigentlich zu 100 % menschliche, also Commitment-Faktoren waren, die entschieden, ob es sich um einen A oder C-Kunden handelt.

Genauer gesagt meine ich damit, dass ein Kunde, der kein Commitment (Verhandlungsverpflichtung) zeigt, sich gar nicht erst auf einen für beide Seiten vorteilhaften Vertrag einlässt. Kunden, die sich für eine Zusammenarbeit auf Augenhöhe entscheiden, sind die, die am wenigsten zu meckern haben und sich nicht negativ äußern und dies auch so meinen. Diese A-Kunden sind für ein Geschäft echte Goldstücke und du solltest alles daran legen, diese zu behalten. Du wirst sie intuitiv erkennen, wenn du mit ihnen arbeitest. Sie werden dir entgegenkommen, sich nicht aufspielen, ruhig auf all deine Fragen antworten und dir gut zuhören. Das Gleiche erwarten sie selbstverständlich auch von dir. Wenn es ihnen wichtig ist, mit dir zu arbeiten, werden sie schnell auf deine Kontaktaufnahmen antworten und auch zeitnah Verträge besprechen und unterschreiben.

Die Z-Kunden oder hoffentlich nicht-Kunden wirst du an dem genauen Gegenteil erkennen. Diese zielen nur auf ihren eigenen Vorteil, versuchen möglichst viel Leistung aus möglichst kleinem Geld zu ziehen, spielen sich häufig als „wichtiger Kunde" auf, machen dir Druck, während sie sich Zeit lassen und hören nicht auf Erklärungen. Wenn du mit diesen Kunden zusammenarbeitest, kannst du dich schon darauf einstellen, dass es früher oder später Probleme geben wird. Diese Probleme können sich äußern in Zahlungsverzug, übermäßige Reklamationen, unnötige Anfragen an den Support, Überschreiten der gewährten Leistungen und direkte Konflikte, die manchmal sogar vor Gericht enden. Das sind nur einige wenige Beispiele.

Aus diesem Grund solltest du diese Kunden bzw. Interessenten schnell erkennen und aussortieren.

Ich kann nicht genau erklären wie, aber oft erkennt man solche Z-Kunden bereits an der Art und Weise wie sie Kontakt aufnehmen. Neulich hat ein Kunde bei mir eine Weiterbildung gebucht und bereits in der ersten Mail verspürte ich den Vibe, dass ich Probleme zu erwarten habe. Er hat sehr direkt, aber nicht professionell in seiner Anfrage geschrieben. Als ich mit ihm telefoniert habe, war er eigentlich ganz nett und ich habe die Erste Kommunikation für seine normale Art gehalten. Nach wenigen Gesprächen nahm er dann mein Angebot an. Das Commitment war da, schließlich hat er schnell unterschrieben. Tatsächlich hätte ich aber auf mein Bauchgefühl statt auf die nackten Fakten hören müssen. Nachdem der Kunde alle Zugänge von mir erhalten hatte, meldete er sich nur zwei Tage darauf bei mir: Mein Server war genau in der Stunde down, als er mein Angebot nutzen wollte. Das sei doch eine Frechheit und er wolle sein Geld zurück (was er zu dem Zeitpunkt noch nicht gezahlt hatte). Sonst lief mein Server aber durchgehend und er hätte es zu einem anderen Zeitpunkt nutzen können. Davon abgesehen, habe ich in meinen AGB ausdrücklich darauf hingewiesen, dass es hin und wieder zu Wartungsarbeiten an Servern kommen kann. Lange Rede, kurzer Sinn: Mein ursprünglich negatives Bauchgefühl hatte sich als richtig erwiesen. Es war richtig, obwohl ich so viele logische positive Checks vorliegen hatte.

Unser Bauchgefühl ist dabei nicht so unwichtig, wie uns unser Bewusstsein oft sagen will. Es kommt schließlich nicht von ungefähr. Unser Unterbewusstsein prägt sich Muster ein, mit denen wir negative Erfahrungen gemacht haben. Diese Muster sind unserem aktiven Bewusstsein oft nicht bekannt, während unser Unterbewusstsein diese verarbeitet. Wenn unser Unterbewusstsein nun solche Muster in Gesprächen und Entscheidungen erkennt, schlägt es Alarm. Diesen Alarm kennen wir als schlechtes Bauchgefühl. Es ist also nicht so irrational auf schlechtes Bauchgefühl zu hören, wie es unserem Logiker im Gehirn erscheinen mag. Im Prinzip ist es das Ergebnis für kognitive Auswertungen, die wir noch nicht logisch nachvollziehen können. Was die Einstufung von Kunden angeht, kann man also oft auf sein Bauchgefühl hören. Das bedeutet aber nicht, dass man die oben genannten logischen Faktoren unbeachtet lässt. Manchmal wird man von seinem Gegenüber auch so manipuliert, dass man glaubt, ein gutes Bauchgefühl zu haben.

Was macht man nun aber mit diesen schlechten Kunden? – Das Wichtigste ist, dass du dir selbst auch erlaubst, diese Kunden zu konfrontieren und gegebenenfalls aus deiner Kundendatenbank zu streichen. Sobald du diese Kunden, die dir nur Schwierigkeiten machen, zu viel Zeit kosten und einfach unrentabel sind, erkannt hast, ziehst du deine Konsequenzen. Vergiss bei all der Kundenorientierung nicht, dass auch du mit deinem Business ein Ziel verfolgst. Wenn dir ein Kunde zwar Geld gibt, aber nur Zeit kostet, ist er es nicht wert. Zeit ist ein wertvolles Gut, dass du auch für den A-Kundenservice nutzen kannst. Die

Konsequenzen (wie auch immer sie aussehen mögen) sind letztendlich das Ergebnis deines Selbstrespektes und dem Respekt vor deinen A-Kunden. Konzentriere dich auf das, was dich weiterbringt und nicht auf das, was dich herunterzieht. Das gilt für viele Bereiche ebenso wie für den Umgang mit schlechten Kunden.

Es gibt eine interessante Ironie, wenn man sich den eben genannten „Social Proof" anschaut. Es wird viele schlechte Kunden geben, die auf den Bewertungsportalen deinem Business eine schlechte Bewertung geben. Aus diesem Grund ist man oft geneigt, diese Kunden doch noch zufriedenzustellen. Man legt alles daran, dem Kunden alle Fragen zu beantworten und so viel Support wie möglich zu liefern. Wenn dieser Kontakt allerdings nicht auf Augenhöhe, sondern fordernd von Kundenseite erfolgt, ist das ein schlechtes Zeichen. Der Kunde wird, auch wenn du alle Probleme löst, eine schlechte Bewertung abgeben. Letztendlich hast du also nichts gewonnen. Halte schlechte Kunden aus deiner Kundenliste fern und konzentriere dich auf gute Kunden. Gute Kunden erkennst du daran, dass sie auch respektvoll kommunizieren, sollte es einmal nicht glattlaufen.

Marketing? – Was ist Marketing?

Dieser Fehler ist mir auch allzu häufig passiert. Man hat ein Produkt erstellt und sehr viel Arbeit hineininvestiert. Allerdings ist man so froh, dass das Projekt jetzt abgeschlossen ist, dass man das Marketing nur noch halbherzig macht. „Der Traffic auf der Verkaufsplattform wird schon dafür sorgen, dass ich Umsatz mache", ist eine Fehlentscheidung, die viele Onlinebusiness-Betreiber treffen. Ich selbst bin damit sehr oft hingeflogen. Dabei sollte gerade jetzt, wenn das Produkt fertig ist und auf den Markt gebracht werden soll, die Marketingtrommel gerührt werden. Um diesem Fehler nicht aufzusitzen, ist meine persönliche Empfehlung, dass du, nachdem du das Produkt fertig erstellt hast, eine kleine Pause einlegst. Wenn du ein paar Tage Pause machst, nachdem du dein Produkt erstellt hast, wirst du im nächsten Arbeitsschritt wieder frisch ans Werk gehen können, um eine passgenaue Marketingstrategie zu entwickeln. Dieser Tipp gilt natürlich nur dann, wenn du dein Business nebenberuflich gründest. Solltest du es hauptberuflich anstreben oder bereits eine Firma gegründet haben, ist es sinnvoll, die Zeit ohne Pause dafür zu nutzen, dich im Bereich Marketing weiterzubilden, parallel an anderen Projekten zu arbeiten oder ausführlich die Strategie zu planen. Ich empfehle dir in erster Linie Bücher und Onlinekurse zu nutzen, um eine Marketingstrategie zu entwickeln, die konkret zu deinem Projekt passt. Im Optimalfall hast du sogar einen Prozess entwickelt, den du nach der Fertigstellung einfach abarbeitest.

Um die Schwere des Fehlers aufzuzeigen, möchte ich dir etwas über mein bisher größtes Projekt erzählen: Meinen Kinofilm. 2023 habe ich meine Animationsserie in einem Kinofilm verewigt und noch im Sommer Premiere mit dem Film gefeiert. Die Premiere war für mich ein Erfolg, da viele meiner Freunde da waren. Die Premiere blieb allerdings die einzige Vorstellung. Das lag am Marketing. Nachdem der Film geschnitten und gerendert war, habe ich mich gleich auf die Suche nach Kinos gemacht, in dem ich meinen Film zeigen konnte. Das Kino, das meine Anfrage bestätigte, fragte auch gleich nach Werbematerial und ich schusterte ein Plakat und einen zusammenfassenden Text in einer Nacht-und-Nebel-Aktion zusammen. Plakat und Text waren okay, aber haben sehr viel Potenzial liegengelassen. Das und noch andere fehlende Punkte in meiner Marketingstrategie sorgten dafür, dass keiner außerhalb meines Freundeskreises von dem Film erfuhr. Bei der Premiere waren also fast nur geladene Gäste und sehr wenige Menschen, die sich von dem Plakat angesprochen fühlten. Die Menschen waren also meinetwegen und nicht primär wegen des Films da. Tatsächlich wäre das alles viel einfacher gewesen, wenn ich mich rechtzeitig mit einer Marketingstrategie auseinandergesetzt hätte. Auf Facebook hätte ich nach Gruppen suchen können, in denen ich Links zum Vorverkauf hätte posten können. Ich hätte auch rechtzeitig Anzeigen schalten können oder Kooperationen eingehen können. Doch all das setzt Planung voraus, für die ich mir so kurz vorher, keine Zeit genommen habe.

Wenn du eine Marketingstrategie entwickeln möchtest, empfehle ich dir, unabhängig von deinem Produkt, die folgenden Punkte abzuarbeiten und dir die Fragen zu beantworten. Mit der Beantwortung dieser Fragen kannst du deine Marketingstrategie gezielter entwickeln.

- Wer ist deine Zielgruppe?
- Wo ist deine Zielgruppe zu finden?
- Welche Medien nutzt deine Zielgruppe?
- Welches Problem löst dein Produkt für deine Zielgruppe?

Sobald du diese Fragen beantworten kannst, kannst du auch mit der Entwicklung der Strategie beginnen. Ich möchte dir die Aufstellung einer Marketingstrategie anhand von einem Beispiel erklären.

Stelle dir einmal vor, dass du Trainingspläne und Vorlagen für Trainingspläne erstellen möchtest. Deine Zielgruppe sind insbesondere Berufseinsteiger oder Studenten, die nur ein limitiertes Budget und kurzes Zeitfenster zur Verfügung haben. Deine Zielgruppe bewegt sich zwischen Arbeit bzw. Lernen und Hobbys, hat aber auch konkrete Ziele, was die körperliche Fitness betrifft. Nachdem du die Zielgruppe definiert hast, erstellst du eine sogenannte Buyer Persona. Hierbei handelt es sich um einen fiktiven Charakter, der stellvertretend für deine Zielgruppe steht. Du fertigst einen Steckbrief deiner Buyer Persona an und beantwortest hierbei konkrete Fragen: Name, Alter, Wohnort, Beruf, Arbeitszeit, soziales Umfeld, Einkommen, Mediennutzungsverhalten und weitere, für dich relevante Punkte. Bei der Erstellung deines Angebots und deiner Kommunikationsstrategie versuchst du, durch die Augen deiner Persona zu schauen. Nennen wir sie in unserem Beispiel „Jesus". Stelle dir bei deinen Kampagnen die Frage: „Was würde Jesus tun?" Du überlegst dir, wie deine Person auf dein Produkt aufmerksam wird. Bezogen auf das Beispiel mit den Trainingsplänen, nutzt Jesus auf der Heimfahrt mit dem Bus Instagram und scrollt durch seinen Feed. Dabei kann er auf eine Anzeige von dir stoßen. Die Frage, die du dir bei der Gestaltung deiner Anzeige stellen solltest, ist, ob sie auch die Aufmerksamkeit deiner Zielgruppe einfängt. Wird Jesus einfach weiterscrollen oder wird sein Blick von einem passenden Bild oder einer Überschrift eingefangen?

Psychologisch gesehen sollte sowohl der Text als auch das Bild Aufmerksamkeit bei deiner Zielgruppe erzeugen. Wenn du ein Foto nutzt von einer sportlichen Person, die ungefähr im selben Alter deiner Zielgruppe ist und eine Identifikationsperson darstellt, wird die Aufmerksamkeit deiner Zielgruppe eher eingefangen als von einem Bild mit einer Blumenwiese. In dem Text solltest du auf jeden Fall den Benefit (Vorteil bzw. Nutzen deines Produktes) in den Vordergrund stellen. Dieser ist es, der das Verkaufsargument darstellt. Bei deinem Trainingsplan kannst du deinen Benefit auf die Zeiteffizienz setzen. Eine Überschrift wie „Schnell zum Traumkörper – auch mit wenig verfügbarer Zeit" kann hierbei gut gewählt sein. Jesus hat das Ziel, seinen Traumkörper zu erreichen und hat nur wenig Zeit in der Woche. Wenn dann auch noch ein Foto mit einer Identifikationsfigur bei dem Text zu sehen ist, wird er bestimmt ein Interesse an deiner Anzeige haben.

Nachdem du den Inhalt deiner Anzeige erstellt hast, beschäftigst du dich damit, wonach und wie deine Buyer Persona nach Trainingsplänen sucht. Dazu kannst du Tools wie Google-Trends, andere angebotene SEO-Tools und Analysesoftware nutzen. Es ist zudem interessant herauszufinden, wie deine Zielgruppe kommuniziert. Schaue dir daher Seiten von Unternehmen an, die ähnliche Produkte wie du anbieten und lies dir sorgfältig die Kommentare durch. Hier erfährst du nicht nur, welche Wörter deine Zielgruppe konkret nutzt, sondern auch, was ihr inhaltlich wichtig ist. Du lernst also, wie du dein Produkt verbessern kannst. Bevor du Anzeigen schaltest, bereitest du eine lange Liste von Schlagwörtern (Keywords) vor mit Begriffen, die von deiner Zielgruppe gesucht werden. Diese Suchbegriffe verarbeitest du in deiner Produktbeschreibung, deinen Überschriften, Werbeposts und natürlich in deiner Keywordliste (Schlagwörterliste) beim Posten von Beiträgen und Schalten von Anzeigen. Erstelle hier auch Keywords, die aus längeren Suchanfragen und mehreren Wörtern bestehen (Long-Tail-Keywords). Bei der Recherche kannst du längere Keywords erstellen, indem du das Hauptsuchwort in die Google-Suchleiste eingibst und die automatisch angezeigten Ergänzungsvorschläge in deine Liste aufnimmst. Weitere SEO-Tools wie „Answerthepublic" können dir außerdem dabei helfen, entsprechende Long-Tail-Keywords zu finden. Im Bereich Trainingsplan könnte ein langes Schlagwort beispielsweise „Wo finde ich einen Trainingsplan für Berufseinsteiger?" sein.

Solltest du von Anfang an nicht so viel Traffic auf deinen Social Media Seiten haben, lohnt es sich, über bezahlte Anzeigen nachzudenken. Das Ärgerliche beim Schalten von Werbung ist leider, dass man selten weiß, welche Werbemaßnahme den meisten Erfolg gebracht hat. Gerade beim Launch des Produktes, bei dem du mehrere Kanäle parallel bespielst, werden deine Daten oft nicht zuverlässig sein. Beim Schalten von Onlinewerbung jedoch, gibt es Möglichkeiten, um neue Follower und Verkäufe nachzuverfolgen. Facebook und Amazon haben hierbei Erfolgsmesser in dein Dashboard eingebaut. Wenn du deine Anzeige also fertig gestaltet und genügend Keywords (Schlagwörter) angegeben hast, kannst du die Anzeige schalten und beobachten. Du wirst erkennen, welche Suchwörter funktionieren und welche du gegen andere austauschen solltest.

Gerade bei der Veröffentlichung deines Produktes solltest du mehrere Kampagnen und Strategien nutzen, um dein Produkt bekannt zu machen. Grundsätzlich ist es auch wertvoll, wenn du bereits vor deinem Produktlaunch eine Strategie entwickelt hast, die mögliche Interessenten auf dich aufmerksam gemacht hat. Damit meine ich, dass du beispielsweise auf Social Media bereits im Vorfeld Follower generieren konntest, die potenzielles Interesse haben. Sobald dein Produkt auf dem Markt zu finden ist und du Umsatz machen kannst, solltest du mit mehreren Kanonen gleichzeitig schießen. Hier sind ein paar Ideen, wie du auf dein Produkt (oder deine Social Media Seite) aufmerksam machen kannst:

- Bezahlte Anzeigen auf Social Media schalten
- Bezahlte Anzeigen am Point of Sale (z.B. Amazon) schalten
- Ein Social Media Profil erstellen
- Dein Produkt in Foren, auf Reddit oder in Facebookgruppen posten
- Dein Produkt auf deinem privaten Profil mit Freunden und Bekannten teilen

Gerade die Zeit kurz nach der Veröffentlichung deines Produktes ist entscheidend. Denn hier erkennst du zum einen, wie gut dein Produkt in der Praxis von dem Markt angenommen wird. Zum anderen werden Kunden, die dein Produkt früh gekauft haben, auch Bewertungen auf den Marktplätzen hinterlassen. Das gilt vor allem dann, wenn du sie aktiv darum bittest. Diese Kundenbewertungen sind dein „Social Proof" für weitere Kunden, die Interesse an deinem Produkt haben. Durch einen guten Launch des Produktes werden längerfristig Empfehlungen ausgesprochen, die wiederum verkaufsfördernd wirken.

Doch ein guter Launch birgt die eine oder andere Gefahr. Wenn dein Produkt zu gut läuft, kannst du leicht in die Verlegenheit geraten und das Marketing vernachlässigen. Man verfällt der Illusion, dass es ab jetzt immer so weiter geht und dass man es nicht nötig hat, weitere Anstrengungen im Marketing zu unternehmen. Das ist ein Fehler! Auch wenn dein Produkt gut auf dem Markt angekommen sein sollte, musst du weiterhin eine Strategie haben, um das „Rad am Rollen zu halten". Denn andere Businessgründer sehen dein Produkt und denken sich „das kann ich doch auch", werfen ein ähnliches Produkt auf den Markt, verbessern dieses stetig und werben mit ihren Verbesserungen. Es kann dadurch also sein, dass deine potenziellen Kunden die Angebote deiner Mitbewerber attraktiver finden und bei ihnen statt bei dir kaufen. Du musst dein Produkt ebenfalls stetig verbessern und weiterhin Bemühungen in der Kommunikation betreiben.

Besonderheiten beim Social Media Marketing

Social Media Marketing wird im Onlinebusiness häufig als das „Non plus ultra" der Onlinewelt gesehen. Jeder, der ein Onlinebusiness aufbaut, wird zunächst einen Social Media Account eröffnen. Das ist auch verständlich, weil wir täglich die sozialen Medien nutzen und uns einreden, dass das Social Media Marketing schon nicht so kompliziert sei. Schließlich sehen wir irgendwelche Kinder und junge Erwachsene, die eine große Fangemeinde haben. Was die können, können wir doch lange, oder?

Wir erstellen einen Instagram Account, laden einige Posts hoch und warten ab. Nach einer Woche haben wir vielleicht zehn Follower: Mama, Papa, Bruder, Schwester, Tante und fünf Fake-Accounts mit Pfirsichen und

Schweißtropfen in der Profilbeschreibung. Das ist leider immer wieder die Realität. Ist bei mir auch so. Warum das so ist, hat verschiedene Gründe, die ich im Folgenden ein wenig genauer beleuchten möchte.

Zunächst ist es mir wichtig zu betonen, dass die Arbeit mit den sozialen Netzwerken durchaus einen großen Vorteil hat. Schließlich haben die Netzwerke schon allein durch ihre Struktur ein großes Publikum. Auch deine Zielgruppe treibt sich hier wahrscheinlich herum. Ob sich deine Zielgruppe in den sozialen Netzwerken tummelt, wirst du durch die Analytics, die du dort direkt einsehen kannst, erfahren. Hier ist bereits der erste Tipp, den ich dir ans Herz legen möchte, wenn du auf Social Media posten möchtest: Nutze die Analytics und finde heraus, ob du deine Zielgruppe dort auch finden kannst und vor allem, wann diese online ist. Wenn du Zeitfenster findest, in denen deine Zielgruppe am häufigsten online ist, solltest du diese Zeitfenster auch nutzen, indem du selbst zu diesem Zeitpunkt online bist und deine Beiträge postest. Bei automatischen Posts solltest du die Postingzeit auf die Zeitfenster einstellen.

Der nächste Punkt ist, dass man seine Auswahl an genutzten Social Media Accounts limitieren sollte. Das hat gleich mehrere Gründe. Der erste Grund ist, dass es Kanäle gibt, auf denen deine Zielgruppe aktiver als auf anderen ist. Welche Kanäle von deiner Zielgruppe häufiger genutzt werden, erfährst du bei Zielgruppenbefragungen und anderen zugänglichen Statistiken, die zum Teil auch von den Plattformen selbst angeboten werden. Der zweite Grund ist, dass die

Netzwerke mit deinem angebotenen Content kompatibel sein müssen. Das bedeutet, wenn du auf eine visuelle Strategie setzt, mit der du Bilder veröffentlichst, solltest du Netzwerke wie Pinterest oder Instagram nutzen. Sollte deine vorrangige Strategie aber über einen Blog laufen, kannst du auf Instagram keine beitragsbezogenen Links teilen. Hier würde einiges an Traffic ins Leere laufen. Außerdem solltest du nur Arten von Inhalten erstellen und veröffentlichen, die du auch verbreiten möchtest. Wenn du Artikel schreiben und Teilen möchtest, solltest du Facebook oder X nutzen. Wenn du gerne Videos erstellst, lohnt sich ein YouTube-Account. Bildinhalte sind auf Instagram oder Pinterest am besten aufgehoben.

Mit dem eben genannten Punkt geht der nächste einher. Eine Social Media Strategie funktioniert nur, wenn du auch regelmäßig postest. Das schaffst du dann, wenn du einen Postingplan erstellst, auf dem du festhältst, wie oft du die Woche einen neuen Post veröffentlichst. Denke daran, dass du auch genügend postingfähiges Material erstellst, in das du auch Herzblut investierst. Es gibt kaum etwas Unattraktiveres, als wenn du halbherzige Posts verbreitest. Das kann auf dich und dein Business nachhaltig ein schlechtes Licht werfen. Es gibt schon einen Grund, weswegen Unternehmen viel Geld in Social Media Marketing investieren und sogar ganze Abteilungen nur für das Arbeiten in sozialen Medien eröffnen. Social Media Marketing ist zum Teil auch harte Arbeit und muss mit regelmäßigem Posting und einer Strategie am Leben gehalten werden.

Genau das ist aber der Punkt, weswegen du vorsichtig sein solltest. Wenn du meine Social Media Kanäle besuchst, wirst du feststellen, dass diese echt mies sind. Das gebe ich offen zu. Du wirst sehen, dass ich zwar einige Posts habe, allerdings wenig Engagement und weniger Follower als der Durchschnittsaccount in meinen Themengebieten. Woran liegt das und warum gehe ich so offen damit um? – Zum einen ist es kaum zu verstecken. Wenn ich mich jetzt hinstellen würde und behaupte, ich sei ein Experte im Bereich Instagram-Marketing, würdest du nur mit den Augen rollen. Zum anderen ist, wie eben erwähnt, Social Media Marketing harte Arbeit, die zum Teil von einem ganzen Team in Angriff genommen wird. Das schaffe ich offen gesagt nicht. Eine zu starke Fokussierung auf das Social Media Marketing würde meinen eigentlichen Fokus nur beeinträchtigen: ein gutes Produkt.

Ist dir schon einmal aufgefallen, dass Unternehmen, die sich außerordentlich gut auf ihrem Markt schlagen, oft miserable Quoten im Social Media Marketing haben? Ein Unternehmen, das mehrere Millionen Euro Umsatz pro Monat macht, hat dann auch nur lausige 50 Follower auf Instagram oder LinkedIn. Und das, obwohl sie von den Zahlen her sehr erfolgreich sein müssten. Warum sich diese Unternehmen dort so schlecht schlagen, hat unterschiedliche Gründe. Meistens werden die Kanäle schlicht von der Marketingabteilung betreut, die eigentlich andere Prioritäten hat. Es wurde sich nur in den Netzwerken registriert, um dort Kampagnen zu schalten und nicht, um eine tiefere Strategie zu fahren. Die

Strategie ist dann meistens in anderen Bereichen verankert. Auf der anderen Seite der Medaille gibt es Unternehmen, die mehrere Millionen Follower haben, aber finanziell kurz vor der Insolvenz stehen.

Aus diesem Grund muss ich eine Sache deutlich erwähnen: Social Media Marketing ist nicht das Allheilmittel für alle Fragen im Marketing. Es ist meistens gar mit höheren Kosten verbunden als irgendeine Paid-Ads-Kampagne. Schließlich musst du Content erstellen, eine Postingstrategie entwickeln, immer Content nachliefern und ihn veröffentlichen. Natürlich musst du dich um deine Community kümmern und nicht selten sogar bezahlte Anzeigen schalten, um mehr Follower zu generieren. Eine Social Media Strategie ist aufwendiger als eine klassische Werbekampagne, die zum Teil auch traditionelle Medien bemüht. Das Schlimme daran ist, dass dich eine Social Media Strategie von deinem eigentlichen Ziel ablenken kann. Du willst eigentlich ein tolles Produkt entwickeln, hängst aber in der Planung deiner Social Media Profile fest.

Wenn du dann auch noch eine Marketingagentur gründest, die sich auf Social Media Marketing spezialisiert, du allerdings nur 50 Follower auf Instagram hast, machst du dich endgültig zur Lachnummer. Der Schuster hat die schlechtesten Schuhe, aber deine Followerzahl ist gerade in dieser Dienstleistung der Social Proof, den deine Kunden zum Vergleichen heranziehen werden. Ich selbst habe dies mit meiner Marke „marketing-startupper" schmerzlich selbst erfahren müssen. Mit meinen 90 Followern habe ich es tatsächlich gewagt, Tipps für mehr Engagement zu geben. Als ich meine Inhalte mehr nach meinen Produkten, nämlich der Beratung bei der Erstellung von Geschäftsmodellen, ausrichtete, hatte ich auf einmal mehr Glaubwürdigkeit gewonnen. Ist das überraschend? Der Logik zur Folge eigentlich nicht. In dem Moment, wo man den Zusammenhang erkennt, ist es jedoch bahnbrechend.

Passt der Preis?

Die Preisgestaltung ist streng genommen ein Bereich des Marketings. Allerdings möchte ich den Preis besonders hervorheben, da er in vielen Branchen in der Onlinewelt entscheidend für Erfolg oder Misserfolg ist.

Wir erinnern uns: Laut der „Wissenschaft des Reichwerdens" von Wallace D. Wattles müssen wir mehr Wert herausgeben, als wir als Preis verlangen. Dieser hohe Wert für einen angemessenen Preis wird sich herumsprechen und einige Pullfaktoren unseres Geschäfts in Bewegung setzen. Unsere Kunden müssen den Preis als angemessen betrachten. Doch wie genau finden wir heraus, ob ein Preis angemessen ist?

Bei der Preisfindung bewegt man sich zwischen verschiedenen Faktoren, die allesamt einbezogen gehören. Der Preis muss hoch genug sein, dass ein Gewinn erzielt werden kann oder zumindest die Kosten gedeckt werden (Preisuntergrenze). Allerdings muss er so niedrig sein, dass man seinen Kunden einen höheren Nutzen bietet. Er muss aber auch hoch genug sein, dass die Kunden das Produkt nicht als „Ramsch" wahrnehmen, allerdings auch niedrig genug, dass der Preis angemessen ist. Die Preisfindung ist also keinesfalls einfach und wahrscheinlich einer der schwierigsten Entscheidungen in deinem Onlinebusiness. Im Folgenden gebe ich dir einige Denkanstöße, an denen du deine Preisfindung orientieren kannst.

Der erste Schritt besteht darin, dir einen Überblick über die Preise deiner Mitbewerber zu verschaffen. Hierzu lohnt es sich, eine Excelliste zu erstellen, in denen du dein Produkt mit denen deiner Mitbewerber vergleichst und gleichzeitig abwägst, woran sich die Preise deiner Konkurrenten orientieren. Wenn du ein Produkt mit ähnlichen Eigenschaften oder ähnlichen Inhalten auf den Markt bringen möchtest, schaue dir die Eigenschaften und Einzelheiten der anderen Produkte im Detail an. Durch diesen Vergleich entwickelst du ein Gefühl dafür, welche Preise man für welche Produkte und Produkteigenschaften verlangen kann.

Die Preise sollten nicht zu hoch sein, wenn du einen möglichen Preiskampf anstrebst. Wenn du ein Produkt anbietest, das es „an jeder Ecke" im Internet gibt und du noch nicht die Kenntnisse hast, ein Alleinstellungsmerkmal zu formulieren, kannst du eine Niedrigpreisstrategie fahren. Hierbei ist dein zentrales Verkaufsargument, dass dein Preis niedriger als ein ähnliches Konkurrenzprodukt ist. Potenzielle Kunden kaufen also bei dir, weil sie weniger Geld für ein ähnlich gutes Produkt zahlen. Für die Marktdurchdringung kann dies von Vorteil sein. Die Niedrigpreisstrategie habe ich bei meinem ersten Gig auf Fiverr genutzt, um Kunden zu finden, die mir gute Bewertungen gegeben haben. Dadurch habe ich meinen Social Proof bekommen und konnte die Preise mittelfristig nach oben anpassen. Wenn du ein leicht reproduzierbares Produkt (wie ein digitales Produkt) hast, kannst du auch langfristig eine Niedrigpreisstrategie fahren. Achte aber darauf, dass dein Produkt nicht als „Ramsch" betrachtet wird, denn Kunden erwarten, dass bei einem niedrigen Preis auch weniger Qualität einhergeht.

Der Preis sollte nicht zu niedrig sein, wenn du viel Arbeit in dein Produkt und deine Marketingstrategie steckst. Ein hoher Preis ermöglicht eine höhere Gewinnmarge. Daher ist es sinnvoll, bereits früh einen hohen Preis anzusetzen, wenn der niedrige Preis nicht dein vorrangiges Verkaufsargument ist. Denke immer daran: Wenn dein Preis niedrig ist, musst du viele Kunden finden; wenn dein Preis aber höher ist, reichen wenige Kunden, um Kosten zu decken und Gewinn zu machen. Besonders wichtig ist ein hoher Preis bei einem Modell, das nicht skalierbar ist. Nicht skalierbar sind beispielsweise Geschäfte, in denen du deine Zeit gegen Geld tauschst. Das gilt auch für Freelanceprojekte auf Fiverr oder anderen Projektplattformen. Einen niedrigen Preis solltest du nur nutzen, um erste Bewertungen zu erhalten. Danach solltest du deinen angegebenen Preis deinem Stundenlohn anpassen.

Preise sind also auch in der Onlinewelt nicht unbedingt fixiert. Wenn du merkst, dass sich ein Produkt zu einem festgelegten Preis nicht verkauft, kannst du mit dem Preis heruntergehen oder deinem Produkt weitere Eigenschaften hinzufügen. Damit ein plötzlicher Preissturz glaubhaft erscheint, kannst du diesen mithilfe einer Preisaktion testen. Sollten sich deine Produkte bei einer Preisaktion überdurchschnittlich häufiger verkaufen, kannst du überlegen, ob du die Preise langfristiger anpasst. Vorausgesetzt ist hier natürlich, dass du bei einem niedrigeren Preis trotzdem eine wirtschaftliche Gewinnmarge erhältst. Sollte dies nicht möglich sein, solltest du deine Preise wieder erhöhen und mehr in deine Marke und Werbung investieren. Alternativ ist auch das neue Entwickeln oder gar Ablassen von dem Produkt ratsam, ehe du große Verluste verzeichnest.

Decoy-Effekt

Eng verbunden mit dem Preis und dem Angebot ist der Decoy-Effekt. Bei dem Decoy-Effekt handelt es sich um ein psychologisches Phänomen, das man hervorragend im Marketing nutzen kann. Dir ist wahrscheinlich aufgefallen, dass es von vielen Produkten drei Ausführungen gibt: ein Basisprodukt, eine mittlere Variante und eine Premiumvariante. Dieses Angebot wird von den Anbietern bewusst so gewählt.

Wenn Kunden eine Auswahl haben, beginnen sie zwischen den Möglichkeiten abzuwägen. Sie vergleichen die Eigenschaften der Produktvarianten und entscheiden sich oft für das eigentlich teurere Produkt. Der Decoy-Effekt beschreibt hierbei die Auswahl zwischen drei

Produktversionen, da hier der Effekt am stärksten wahrzunehmen ist.

Als Anbieter besteht dein Ziel darin, dein mittelklassiges Produkt zu verkaufen. Hier kannst du mit dem Preis ein wenig hochgehen, wenn du Vergleichsversionen anbietest. Die beiden Vergleichsprodukte sind ein „abgespecktes" Basisprodukt und ein Premiumprodukt mit mehreren Zusatzfunktionen. Das Basisprodukt ist ein wenig billiger als dein mittleres Produkt. Wenn deine Käufer dieses sehen, vergleichen sie das Basisprodukt mit deinem mittleren (Ziel-) Produkt und stellen fest, dass die zusätzlichen Eigenschaften das Geld wert sind. Im Vergleich dazu erscheint das Premiumprodukt etwas zu teuer, weil die Eigenschaften, die es zusätzlich bietet, eher für Profis und eine spitze Zielgruppe sind. Dein Ziel ist es daher, das Premiumprodukt für deine breitere Zielgruppe eher als Vergleichsprodukt zu zeigen. Die großen Verkäufe wirst du bei deinem Premiumprodukt eher bei wenigen Zielgruppenmitgliedern machen. Das bedeutet für dich aber auch, dass du in der Lage bist, durch dein Premiumprodukt den Markt abzuschöpfen. Denn wenn du Kunden hast, die einen Wert in deinem Produkt sehen und gerne zusätzliche professionellere Funktionen nutzen und mehr zahlen wollen, können sie dies bei deinem Premiumprodukt tun.

Du erkennst also, dass die Aufteilung in drei Produktkategorien enorme Vorteile mit sich bringt.

Die größten Fehler im Online-Business

Wenn man ein Online-Business startet, gibt es einige Dinge, die man besser machen kann. Es gibt viele Dinge, die man auch falsch macht. Ja, ich habe all diese Dinge durch und bin noch weit davon entfernt, sagen zu können, dass ich keine Fehler mehr mache. Im Nachhinein bin ich sogar sehr froh, dass ich diese Fehler gemacht habe, auch wenn man sie vielleicht als ärgerliche Zeitverschwendung verstehen kann. Das heißt aber auch, dass ich dir diese Fehler aufzeigen kann und in der Lage bin, aus erster Hand zu berichten. In diesem Kapitel zeige ich pro Absatz einen bekannten Fehler auf, der mir ebenfalls passiert ist und wie du diesen umgehen kannst und so aus meinen Fehlern lernst.

Das tun, was alle tun

Es ist leider sehr verlockend, das zu tun, was alle tun. Man hört in YouTube Videos und in Blogs häufig, dass ein neues Geschäftsmodell den Markt „im Sturm erobert" (ich hasse diese Metapher). Dir wird gesagt, dass du dieses Geschäftsmodell jetzt umsetzen musst, weil es eine Art „Gelddruckmaschine" ist. Also setzt du dich ran, machst ein wenig Recherche und wirfst ebenfalls deinen Hut in den Ring. Nach kurzer Zeit wird dir bewusst, dass das überhaupt nicht das ist, was du dir vorgestellt hast. Dir bleiben die Kunden aus, du hast keine Verkäufe und nicht einmal deine Seite hat genügend Aufrufe. Doch woran liegt das? – Eins kann ich dir sagen: Es liegt nicht daran, dass du es probiert hast und es liegt auch nicht daran, dass du etwas falsch gemacht hast. Tatsächlich liegt es daran, dass du ein Geschäft gründen wolltest, das nicht zu dir passt und dessen einziges Ziel es ist, Geld für dich zu verdienen. Das kann nicht funktionieren, weil es Details in der Umsetzung gibt, die du nicht kennst und vielleicht auch nicht liefern kannst. Dennoch ist es interessant, dass du eine neue Geschäftsidee ausprobiert hast. Es kann nämlich doch funktionieren! Es funktioniert nämlich dann, wenn du von den Videos und Artikeln inspiriert wirst, aus dem Geschäftsmodell dein eigenes zu entwickeln.

Stelle dir einmal vor, dass du in einem Video hörst, dass Affiliate-Marketing im Bereich Staubsaugerverkauf gerade eine riesige Marktnische sei. Ohne großen Aufwand findet man hier seine Zielgruppe. Tatsächlich schaust du dir die Videos an und du erkennst, dass du von Staubsaugern entweder keine Ahnung hast oder das Thema dich überhaupt nicht interessiert. Allerdings zieht dich das Grundkonzept des Affiliate-Marketings an. Du schaust dir die Tipps an, die in den Videos genannt werden und schreibst diese sorgfältig mit. Nach einer kurzen Planungszeit startest du dein eigenes Business. Allerdings nicht im Bereich Staubsauger, sondern im Bereich Sportartikel, was dich deutlich mehr interessiert. Du bist motiviert, Beiträge zu schreiben und Produkte zu testen. Das ist die Grundlage, mit der du im Affiliate-Marketing erfolgreich sein kannst.

In dem Sinne: Lasse dich inspirieren, aber tu nicht das, was alle tun!

Denk an deine Marke

Zu diesem Thema hatten wir bereits ein eigenes Kapitel. Allerdings ist es mir sehr wichtig, es hier noch einmal aufzugreifen: Die Marke ist das, was im Onlinebusiness leider viel zu oft übersehen wird, obwohl sie einen enormen Einfluss auf die Preisgestaltung haben kann. Gerade wenn du Produkte hast, die substituierbar (austauschbar) sind, kann es passieren, dass du in einen Preiskampf verwickelt wirst. Dieser Preiskampf geht entweder durch eine geringere Marge für dich aus oder du schaffst es, ein anderes Alleinstellungsmerkmal zu erzeugen. Dieses Merkmal kann deine Marke sein, die dir einen höheren Preisspielraum ermöglicht. Kunden, die deine Marke kennen, werden deinen Produkten dadurch den Vorzug geben, auch wenn deine Produkte teurer sind.

Du kannst deine Marke entweder durch ein Hauptprodukt erzeugen, indem du vielleicht einen erfolgreichen Blog gründest und du Merchandise verkaufst. Du kannst aber auch deine Produkte in deinen Kommunikationsmaßnahmen vorstellen, damit deine Marke auch mit dir und den zu assoziierenden Punkten in Verbindung gebracht wird. Es gibt viele Möglichkeiten, mit denen du deine Marke aufbauen kannst. Wichtig ist, wenn du eine Marke aufbaust, dass du dich deutlich abgrenzt von anderen Anbietern, die ähnliche Produkte oder Inhalte haben. Das funktioniert am besten, wenn du wichtige Teile deiner Persönlichkeit einfließen lässt. Das sind Aspekte, die dir weder jemand nehmen kann noch leicht kopiert werden können. Wenn du beispielsweise Videos drehst, dann nutze deine Stimme, um diese zu kommentieren. Wenn du Designs entwirfst, dann setzte diese mit deiner eigenen Handschrift um.

Was Marken angeht, gibt es einen weiteren Punkt, den man vielleicht in Betracht ziehen könnte: Solltest du keine Marke aufbauen wollen oder können, kannst du durch Kooperationen das Markenimage von anderen nutzen. Wenn du dich an Blogger, Influencer und Kreative wendest, die bereits eine starke Marke haben, kannst du dich bei ihnen melden und eine Kooperation eingehen. So kannst du ihnen anbieten, Merchandise oder andere Produkte mit ihrer Marke zu verkaufen.

Eine weitere Möglichkeit ist die Nutzung von gemeinfreien Werken. Diese besitzen zum Teil ebenfalls Eigenschaften von Marken, ohne dabei selbst eine direkte Marke zu sein. Bei gemeinfreien Werken handelt es sich um künstlerische Erzeugnisse, auf die das Urheberrecht bereits abgelaufen ist und jetzt von jedem genutzt werden können. Das schließt auch eine kommerzielle Nutzung ein. Informiere dich also, ob es Bücher, Musik oder andere Werke gibt, die du gerne übernehmen würdest, um sie in ein eigenes Produkt umzuformatieren. Wenn du dir bei einigen Werken nicht so sicher bist, solltest du dich von einem Anwalt beraten lassen. Schließlich bedeutet ein abgelaufenes Urheberrecht nicht automatisch, dass auch eine Marke „frei wird". Du musst hier also auf zwei Ebenen schauen und auch prüfen, dass auf künstlerische Werke weder ein Urheberrecht noch eine aktive Marke existiert.

Dem Geld hinterherlaufen

Viele Menschen, die ein Onlinegeschäft gründen, haben das große Problem, dass sie schnell damit anfangen, dem Geld hinterherzulaufen. Im Internet wird einem schließlich suggeriert, dass dieser eine oder andere Weg „die" Möglichkeit sei, um schnelles Geld zu verdienen. An dieser Stelle wiederhole ich mich, weil es so wichtig ist. Der schnelle Weg zum Geld existiert nicht. Selbst wenn man von Erfolgsgeschichten hört, wie jemand über Nacht Millionär geworden ist, vergisst man häufig, was dazu gehört hat. Es mag sein, dass Mark Zuckerberg in einem Nebenprojekt Facebook entwickelt hat und in kurzer Zeit Millionär und schließlich Milliardär wurde. Diese Geschichte klingt so einfach, dass man glaubt, sie kopieren zu können. Das kann man aber nicht, deswegen solltest du es auch niemals versuchen. Auch bei Mark Zuckerberg und anderen Milliardären war es so, dass die persönliche und die Umweltkomponente gepasst haben. Damit meine ich, dass du erst deine persönlichen Grundvoraussetzungen erfüllen musst, um dein Ziel erreichen zu können. Erfolg hängt schließlich nicht nur von der Gelegenheit, sondern auch der Bereitschaft ab. Es gibt einen Weg, mit dem du dein Ziel erreichen wirst. Dieser Weg ist nur für dich, folge deswegen niemandem auf seinem Weg.

Jeder Mensch, den du triffst, jede Erfahrung, die du machst, jede Idee, die du hast; all das sind Dinge, die in der Kombination nur du vorweisen kannst. Nutze also deine Gegebenheiten und hinterfrage die Informationen, die dir vorliegen. Bist du auf Probleme gestoßen, die du für dich oder dein Umfeld lösen kannst? Hast du die Idee für eine interessante Marktnische, die nur du in der Form beleuchten kannst? – Entwickle dein persönliches Geschäftsmodell und biete einen Mehrwert. Denke an die Worte von Wallace D. Wattles, der dir rät, mehr Leistung zu liefern, als du als Geldwert erhältst. Sobald du diesen Zusammenhang nicht nur verstehst, sondern auch lebst, wirst du dem Geld nicht mehr hinterherlaufen müssen, denn es wird automatisch zu dir kommen. Auch wenn es Rückschläge geben sollte, sehe diese als Lehren an und nicht als Fehler, die vermieden werden müssen.

Zu viele Menschen laufen dem Geld hinterher, fangen ein Business an und kurz bevor sie erfolgreich sein können, brechen sie es ab. Wenn Geld deine einzige Motivation ist, wirst du nicht das Durchhaltevermögen haben, dein Geschäft langfristig profitabel zu machen. Du musst eine Leidenschaft für dein Business entwickeln, die auch auf deine Zielgruppe strahlt und sie zu dir zieht. Zugegeben: Das kann länger dauern, aber das gibt dir die Zeit Fehler zu erkennen, Fehler zu beheben, dein Produkt zu verbessern und wichtige Lehren zu ziehen. Projekte, die rein geldgetrieben sind, werden scheitern. Wenn das Geld ausbleibt, fehlt die Motivation. Wenn die Motivation fehlt, fehlt das Durchhaltevermögen. Wenn das Durchhaltevermögen fehlt, fehlt die Entwicklungszeit und schließlich das gewünschte Ergebnis. Wer dir etwas anderes erzählt, der lügt.

Ein komplizierter Kaufprozess

Stell dir vor, du möchtest in einem neuen Onlineshop einkaufen. Du legst Produkte in den Warenkorb, möchtest zahlen und wirst durch den Kaufprozess geleitet. Der Kaufprozess ist komplett unübersichtlich und du weißt nicht genau, ab welchem Punkt du welche Daten einzugeben hast. Frustriert klickst du dich durch die Seite und stellst letztendlich fest, dass du die Produkte vielleicht doch lieber auf Amazon kaufst. Für den Shopbetreiber ist das eine Katastrophe, die er selbst verursacht hat. Wenn mehrere Kunden so denken, kann er seinen Shop schnell wieder schließen. Der Umstand, dass du überhaupt auf seiner Seite warst, hat ihn bereits einiges an Geld gekostet. Schließlich musste er seine Seite SEO optimieren, Kampagnen planen und sogar Anzeigen schalten. Jetzt warst du kurz vor einem Kauf bei ihm und brichst diesen ab, weil der Kaufprozess zu kompliziert ist.

Genau dieser Umstand passiert im Netz andauernd. Für die Betreiber ist es ärgerlich und kann in den meisten Fällen gar zur Aufgabe des Onlinebusiness führen. Aus diesem Grund solltest du, wenn du einen eigenen Shop hast, auf die Übersichtlichkeit des Kaufprozesses achten. Schaue dir gerne andere Webshops an und du wirst feststellen, dass die gut funktionierenden Shops eine ähnliche Usability haben. Damit meine ich, dass der Kaufprozess nicht nur sehr ähnlich ist, sondern sogar standardisiert. Die folgenden Punkte dienen der Übersicht, wie du deinen Kaufprozess optimieren kannst.

- Warenkorb oben rechts platzieren (weil die meisten Kunden ihn dort erwarten)
- Beim Klicken auf den Warenkorb öffnet sich eine Übersicht mit enthaltenen Produkten, die man im Warenkorb noch anpassen kann (Kaufmenge ändern oder Artikel löschen)
- Der Button „Zur Kasse" befindet sich unten rechts unter der Warenaufzählung
- Die einzelnen Schritte des Kaufprozesses sind mit einer Timeline oben oder unten am Fenster Schritt für Schritt aufgezählt
- Du gibst deinen Kunden die Möglichkeit, als Gast zu bestellen oder sich einzuloggen (wenn möglich)
- Du weist auf AGB und andere rechtliche Themen (z.B. Datenschutzerklärung) hin
- Der Ablauf muss logisch gestaltet sein
- Du bietest verschiedene Zahlungsmöglichkeiten an, unter denen dein Kunde wählen kann

Die Auswahl der Bezahlmethode ist für viele Kunden ein wichtiger Punkt. Stelle daher sicher, dass du verschiedene Bezahlmethoden anbietest, aus denen deine Kunden wählen können. Beachte dabei auch, dass nicht alle Zahlmethoden auch von allen Kunden genutzt werden. Wenn du beispielsweise nur Kreditkarte und PayPal anbietest, werden Kunden bei dir nicht einkaufen können, die weder einen PayPal-Account noch eine Kreditkarte haben. Du wirst vermutlich davon ausgehen, dass das nur bei den wenigsten Menschen in deiner Zielgruppe der Fall sein wird. Allerdings kommt dieser Umstand häufiger vor, als man meinen könnte. Gerade bei Unternehmen im B2B-Geschäft ist es häufig der Fall, dass der Einkauf nur auf Rechnung oder nur per Bankeinzug bestellen darf. Solltest du diese Zahlungsmöglichkeiten nicht anbieten können, schließt du damit Teile deiner Zielgruppe aus. Auf der anderen Seite wollen deine Kunden natürlich auch einen leichten und reibungslosen Bezahlprozess haben. Paypal und andere Zahlungsdienstleistungen werden als einfach angesehen und daher sehr gerne genutzt. Es kann sogar sein, dass Kunden abspringen, wenn du diese Zahlungsmöglichkeiten nicht anbietest. Hinzu kommt auch, dass du mehrere Bezahloptionen anbieten solltest, wenn es bei den Zahlungsanbietern zu technischen Problemen kommt. Dir ist es wahrscheinlich auch oft passiert, dass ein Shop deine Kreditkarte nicht angenommen hat und du froh warst, dass du auf PayPal oder den Bankeinzug wechseln durftest.

Denk auch daran, dass du nach dem Kauf eine automatische Mail mit einer Bestellbestätigung (rechtskonform) verschickst. Dein Kunde hat dadurch eine Sicherheit und baut ein Vertrauensverhältnis zu deinem Shop auf.

Wie du deinen Kaufprozess aufbauen kannst, zeigt dir Jesus. Also, deine Buyer Persona aus einem vorherigen Kapitel. Gehe deinen entwickelten Prozess durch und betrachte diesen aus der Sicht deiner Zielgruppe. Du musst dich dabei völlig von den technischen Aspekten und der Einfachheit deiner Entwicklung lösen. Es geht hierbei ausschließlich darum, dass deine Zielgruppe mit dem Bestellprozess klarkommt.

Der Kundensupport ist der Schlüssel

Egal ob in einem Onlinebusiness oder einem klassischen Geschäft: Stammkunden sind das wichtigste, um dein Geschäft am Laufen zu halten. Sie sind es, die dir einen regelmäßigen Umsatz ermöglichen und auch ihren Freunden von dir erzählen, damit du mehr Umsatz machen kannst. Aus diesem Grund ist es wichtig, dass dein Produkt eine hohe Qualität hat und das erfüllt, was es soll. Neben dem Produkt gibt es eine weitere Sache, um deine Kunden in Stammkunden zu verwandeln: der Kundensupport.

Wenn du für deine Kunden da bist und einen Prozess entwickelst, mit dem du Kundenanfragen bearbeitest, fühlen sich deine Kunden gut aufgehoben. Daher solltest du den Zugang zum Kundensupport so einfach wie möglich gestalten. Eine FAQ-Seite (frequently asked questions), also eine Seite, auf der du häufig gestellte Fragen zu deinem Produkt beantwortest, ermöglicht deinen Kunden, schnell Antworten auf häufige Fragen zu finden. Eine solche Seite kostet ein paar Stunden extra Arbeitszeit, sie lohnt sich aber außerordentlich. Sollten deine Kunden nicht fündig werden, möchten sie natürlich mit einem Menschen in Kontakt treten. Dieser Kontakt sollte ebenfalls schnell möglich sein. Ein Kontaktformular oder eine E-Mail-Adresse auf der Hilfe-Seite können schon Wunder bewirken. Wenn du dann eine schnelle Antwortzeit und zufriedenstellende Antworten ermöglichst, werden deine Kunden zufrieden sein und auch einen positiven Eindruck von deinem Business und deinem Service haben.

Während des Studiums arbeitete ich an einer Studie, die sich mit Krisenmanagement beschäftigte. Ein Kunde, der mit deinem Produkt nicht zufrieden ist, kann in einer kleinen Dimension als eine Art Krise definiert werden. In unserer Studie fanden wir heraus, dass Krisen auch Chancen darstellen können. Mithilfe von einem guten Support kannst du die Krise in eine Chance verwandeln. Wenn ein Kunde extrem unzufrieden mit deinem Produkt sein sollte und sich bei dir meldet, musst du diese Meldung ernst nehmen. Es ist unprofessionell und gefährlich, wenn du flapsig oder gar nicht reagierst. Dein verärgerter Kunde wird deinen Umgang vor seinen Freunden präsentieren und deinem Unternehmen auf Bewertungsportalen ein schlechtes Rating geben. Sollten sich mehrere Kunden finden, die dieser Ansicht folgen, kann das schnell deinen Ruf und damit dein Geschäft schädigen. Tatsächlich ist eine Supportnachricht ein Geschenk für dich und dein Business. Wenn es sich um eine Nachricht handelt, die du schnell bearbeiten kannst, kannst du deine FAQ-Seite um diesen Punkt ergänzen, damit du weiteren Kunden helfen kannst, die mit dem Problem ebenfalls konfrontiert sind. Sollte es ein größeres Problem sein, musst du immer daran denken, dass du eine entsprechende Lösung anbieten kannst. Das kann beispielsweise ein schnelles Fixen eines Problems sein, wenn man über den klassischen Support spricht. Sollte ein Problem nicht so schnell zu lösen sein, kannst du deinem Kunden, während du das Problem löst, in regelmäßigen

Abständen eine E-Mail mit dem aktuellen Status zukommen lassen. Sollte ein Kunde mit der Produktqualität nicht zufrieden sein, kannst du bei digitalen Produkten eine Eigenschaft hinzufügen, um deinen Kunden zufriedenzustellen. Ist dies nicht möglich, kannst du ihm gegebenenfalls eine längere Laufzeit einräumen oder ein anderes digitales Produkt schenken. Die meisten Kunden freuen sich über dein Entgegenkommen, unabhängig davon, wie es konkret aussehen mag.

Das Wichtigste in diesem Zusammenhang ist allerdings die Zugänglichkeit des Kundensupports. Alles hängt davon ab, dass du einen Support anbietest und deine Kunden auch einen einfachen Zugang zu diesem Support erhalten. Biete hierbei mehrere Kontaktoptionen an. In der Regel reicht aber auch ein leicht auffindbares Kontaktformular. Entscheidend ist auch deine Reaktionsgeschwindigkeit. Je schneller du antwortest und mit einer zufriedenstellenden Lösung erscheinst, desto eher werden deine Kunden ein positives Bild von dir erhalten.

Nicht alle Eier in ein Körbchen?

Ein wichtiger Punkt, den einige erfolgreiche Unternehmer im Onlinebereich übersehen, ist die Absicherung. Wenn du ein Onlinegeschäft betreibst, solltest du mit vielen Eventualitäten rechnen. Diese Worst-Case-Szenarien solltest du dir bei der Gründung und dem Start aufschreiben und entsprechende Sicherheitsvorkehrungen treffen. Ich zeige dir im Folgenden Punkte auf, die du beachten kannst. Einige haben wir bereits in vorherigen Kapiteln behandelt.

Es ist in jedem Fall ratsam, eine eigene Webseite zu betreiben. Selbst, wenn deine Webseite nur eine statische Seite mit Links zu deinen Plattform-Shops darstellt. Das hat für dich einige Vorteile. Zum einen kannst du mit deiner Webseite mehrere genutzte Plattformen verbinden. So bist du in der Lage, deine Instagram-Follower zu YouTube zu bringen und umgekehrt. Außerdem kannst du zwischen mehreren Shops verlinken. Eine eigene Webseite hat für dich also in erster Linie einen strategischen Vorteil. Du kannst mit ihr deine Zielgruppe zwischen verschiedenen Umsatzquellen hin und her schicken. Zum anderen ist deine eigene Webseite auch eine Absicherung gegen Probleme auf einem Marktplatz. Nicht selten kommt es vor, dass (auch erfolgreiche) Verkäufer von ihrem Marktplatz verbannt werden. Wenn Amazon beispielsweise falsche Angaben feststellt, kann es passieren, dass dein Account gesperrt wird. Sobald das passiert, kannst du dein ganzes Geschäft aufgeben. Um einen solchen Verlust abzufedern, ist das eben beschriebene Verhältnis von Marktplätzen, die untereinander verlinken von Vorteil. Auch wenn du dir eine Marke auf Instagram aufgebaut hast und dein Profil gesperrt werden sollte, kannst du durch deine Webseite deine Marke weiterleben lassen und mit deinen Fans zu einer anderen Plattform wechseln. Auch wenn du alle AGB eingehalten hast, kann es hin und wieder zu Meldungen kommen, die für ein paar Tage deinen Umsatz einbrechen lassen. Eine eigene Webseite mit einem Webshop kann dies abfedern. Hinzu kommt auch, dass Social Media Plattformen für bestimmte Contenthersteller zunehmend unattraktiver werden. Das ist beispielsweise zuletzt auf YouTube mit uns Animationsfilmern passiert. Auch das Abschalten einer Plattform oder eines Marktplatzes kann eine Webseite gekonnt abfangen. Aus diesen Gründen kannst du vorbeugend für einige Szenarien eine eigene Seite auf einem eigenen Server erstellen.

Auch rechtliche Grundlagen sollten stets von dir beachtet werden. Damit meine ich nicht nur, dass du die AGB der Plattformen liest und dich explizit an diese hältst. Datenschutz- und andere Compliance-Richtlinien für deine Webseite sind hierbei außerdem zu nennen. Aber nicht nur deine Kommunikations- und Verkaufswege solltest du bezüglich gesetzlicher Vorschriften anpassen. Auch deine Werbung und dein Produkt selbst müssen hierbei rechtlichen Standards entsprechen. Stelle zunächst einmal sicher, dass du alle Urheber- und Veröffentlichungsrechte besitzt. Kaufe hierfür gegebenenfalls Lizenzen ein. Es kann nämlich schnell teuer werden, wenn du Inhalte aus anderen Quellen kopierst und die Rechteeigentümer juristische Schritte gegen dich einleiten. Für diesen Fall solltest du gegebenenfalls eine Rechtsschutzversicherung abgeschlossen haben. Informiere dich vor deiner Gründung auch, ob bestimmte Titel, die du nutzt oder Bezeichnungen nicht geschützt sind. In Europa sind viele Berufsbezeichnungen streng geschützt und dürfen nur von Menschen geführt werden, die eine entsprechende Ausbildung oder Berechtigung haben.

Mit dem Wissen wirst du nie aufgeben!

Es gibt noch eine Lüge, die ich aus dem Weg räumen muss. Dass ich dir diese Lüge aus dem Weg räume, wird mit größter Wahrscheinlichkeit dafür sorgen, dass du niemals aufgeben wirst, egal, wie dein Weg auch aussehen mag. Diese Lüge ist, dass man „Versagen vorprogrammieren" könne. Man hört immer wieder, dass man ein Versager sei, wenn man schlecht in der Schule war, nicht an der Uni war oder gar die Schule abgebrochen hat. Das macht keinen Versager aus, im Gegenteil. Denn wenn du deinen Weg bewusst gehst und findest, wirst du mit größerer Wahrscheinlichkeit auf der Erfolgsspur landen als jemand, der zehn Doktortitel hat und bei irgendeinem Konzern angestellt ist. Diese Aussage hat so viele Ebenen, dass ich sie nicht alle auf einmal beleuchten kann. Daher werde ich dir in erster Linie die Ebenen auflisten, die mir persönlich eingefallen sind und zum Teil aus eigener Erfahrung und aus der Erfahrung von Freunden und Bekannten stammen.

Beginnen wir mit dem alten Sprichwort: „Probieren geht über Studieren". Dieses Sprichwort ist wiederum auf mehreren Ebenen zutreffend. Zum einen, wenn wir an den Lernprozess an sich denken. Es ist psychologischer Fakt und bereits breites Allgemeinwissen, dass wir uns Informationen am besten merken, wenn wir diese selbst erlebt, ausprobiert und (wenn möglich) selbst in der Hand gehabt haben. Diese Erfahrung, die mit mehreren Sinnen gleichzeitig wahrgenommen wird, speichert sich in mehreren Hirnregionen gleichzeitig ab. Wenn wir eine Information hingegen nur lesen und sie uns schlimmstenfalls nicht emotional berührt oder sie mit einer Geschichte verbunden werden kann, werden wir sie schnell wieder vergessen. Dieser Fakt wird umso relevanter, wenn wir ihn mit dem Thema dieses Buches verbinden: Dem Geld verdienen mit einem (Online) Business. Stell dir vor, du kommst gerade frisch aus deinem Studium und du hast in den vergangenen Jahren nur studiert und theoretisch gelernt. Allerdings hast du nichts von dem, was du studiert hast, in der Praxis erlebt. Du kannst, wenn wir auf BWL schauen, ohne Probleme irgendwelche vorgelegten Kennzahlen ausrechnen. Doch wird dich das wirklich für einen Job im Controlling qualifizieren? – Nicht unbedingt; Traineejobs und Praktika gibt es schließlich nicht ohne Grund. Ich würde auch niemanden eine Operation durchführen lassen, der zwar die Anatomie auswendig kann, aber noch nie ein Skalpell in der Hand gehalten hat. Tatsächliche Kompetenz kommt folglich nur durch das Praktizieren eines Berufes. Wenn du keine praktischen Erfahrungen hast, wirst du von der Realität nicht selten so stark überrollt, dass du demotiviert wirst. Du hast während des Studiums einige großartige Geschäftsideen gesammelt und möchtest sie gerne umsetzen, jedoch weißt du nicht, welche Art von Unternehmen du gründen sollst oder wie du konkret anzufangen hast. Viele Gründer unterschätzen den Aufwand, den sie vor sich haben. Das gilt auch für ein Onlinegeschäft, das einem in YouTube Videos als so einfach umzusetzen präsentiert wird. Tatsächlich sind aber auch einfach umzusetzende Geschäftsmodelle mit viel Arbeit verbunden und hängen mit einem ganzen Konstrukt an Aufgaben zusammen. Du solltest dich insbesondere informieren, wie du Steuern zahlst, Buchführung machst und ob du Angestellte benötigst. Diese Informationen liegen dir dann vor, wenn du schon Praxiserfahrungen hast, auf die du zugreifen kannst.

Die zweite Ebene ist das frühe Geldverdienen. Meiner Meinung nach lohnt sich das auf jeden Fall. Ich höre immer wieder, dass man ja studieren muss, weil man dann hinterher mehr verdienen würde. Das ist allerdings eine Aussage, die man nicht so stehen lassen darf. Es ist klar, dass ein Ingenieur mehr verdient als ein Landschaftsgärtner. Dennoch kann es sein, dass der Landschaftsgärtner mehr Vermögen als der Ingenieur anhäuft. Doch wie ist das möglich? – Der eine Punkt ist die Ebene, die wir schon besprochen haben: durch praktisches Wissen häuft sich eine Menge an anwendbarem Wissen an. Das bedeutet, dass der Landschaftsgärtner nicht zwangsläufig in einer Position verharren muss. Du kannst dir auf der Berufsebene ein eigenes Geschäft aufbauen, für das du andere Menschen anstellst oder du mit

Freiberuflern zusammenarbeitest. Wenn du es schaffst, dein Leben lang über den Tellerrand zu schauen, zwar irgendwie ein Experte bist, aber dich auch in anderen Bereichen bildest, wirst du immer erfolgreicher sein als ein Fachidiot. Mit oder ohne Studium. Darüber hinaus sollte meiner Meinung nach auch eine Ausbildung endlich wieder mehr geschätzt werden. Als Auszubildender verdient man bereits, während man im Studium unter Umständen sogar Schulden macht. Sollte man Schulden machen, wird man die ersten fünf bis zehn Jahre seiner Berufskarriere damit verbringen, seine Schulden abzustottern. Jemand, der eine Ausbildung gemacht hat oder direkt mit Geldverdienen begonnen hat, wird seinen Break-Even-Point schneller erreichen und kann in einem bestimmten Alter auf ein sichereres Fundament zurückgreifen. Das gilt natürlich für den Fall, dass man auch verantwortungsvoll mit seinem Geld umgegangen ist. Im Grunde steckt hier nämlich der Kern der Aussage: Du musst auch verantwortungsvoll mit deinem Geld umgehen, genügend praktisches Wissen sammeln und auch mit dem, was du hast, arbeiten können. Der Punkt ist, dass du reich werden kannst, unabhängig von deiner Bildung (auf dem Papier) oder deinem Einkommen. Wichtig ist nur, dass du die Grundprinzipien des Geldverdienens und Anlegens verstehst. Die Zeit wird für dich laufen, weswegen frühes Geldverdienen und frühe Geldanlagen dir einen Vorsprung gegenüber Menschen einräumen, die erst viel später mit dem Geldverdienen beginnen. Das bekannteste Beispiel ist die Geschichte von Ronald Read, einem Hausmeister mit einem normalen (geringen) Gehalt, der nach seinem Tod seinen Erben mehrere Millionen Dollar hinterließ. Er erreichte diese Geldsumme durch einen angepassten Lebensstil, frühe Investments und dem Zinseszinseffekt.

Die dritte Ebene ist die Tatsache, dass du um alles ein (Online) Business bauen kannst. Selbst wenn du in einem handwerklichen Bereich tätig bist, der in erster Instanz keine digitalen Produkte erlaubt, kannst du in der Onlinewelt erfolgreich sein. Damit meine ich nicht nur, dass du als Schreiner einen YouTube-Kanal gründen kannst, auf dem du dein Handwerk erklärst. Auch kannst du handgefertigte Stücke oder Einrichtungsgegenstände online verkaufen, wodurch du eine noch größere Reichweite erhältst. Du kannst als Schreiner auch dein ganzes Geschäft effizienter machen: Aufträge einholen, dich als Experte platzieren und Geld mit hochwertigen Produkten verdienen. Dazu musst du nicht studiert haben. Baue einfach ein Geschäft auf der Sache auf, in der du dich auskennst, mit der du Spaß hast und was zu dir im Allgemeinen passt. Du kannst um nahezu alles ein erfolgreiches Geschäftsmodell bauen, wenn du hochwertige Produkte und einen guten Service anbietest. In Verbindung mit einem durchdachten Marketing, einer guten Vorbereitung und deiner eigenen Motivation, die dich bei der Sache hält, ist es unmöglich zu scheitern.

Teil 6 – dein Weg

Im letzten Teil dieses Buches werden wir auf den wichtigsten Aspekt überhaupt eingehen: auf dich. Onlinegurus, Marketing, gute Produkte und dein USP hin oder her: Im Vordergrund deiner Entwicklung stehst du selbst.

Ich weiß, dass das letzte Kapitel immer das ist, was man als Leser am besten im Kopf behält, deswegen habe ich das Wichtigste in den Schluss gepackt. Es kann sein, dass ich mich in meinem Buch wiederhole, es kann sein, dass du viele Informationen bereits oben gelesen hast. Das ist gut so. Dieses Buch habe ich absichtlich eher „amerikanisch" gestaltet, weil die Informationen sich so besser im Kopf verankern. Amerikanische Sachbuchautoren neigen dazu, sich in ihren Werken zu wiederholen und wertvolle Information überall unterzubringen, wo es passt. In Deutschland wird man von Lektoren dazu gedrängt, alle thematischen Bereiche Schritt für Schritt in Kapiteln unterzubringen. Dadurch bleibt aber leider oft die Verbindung der unterschiedlichen Inhalte miteinander aus. Auch wenn sich Amerikaner wiederholen, möchte ich mein Buch (wie du bereits gemerkt hast) an diesem Schreibstil anlehnen.

Cool, jetzt habe ich mich sogar in einem Absatz wiederholt...

Respekt!

Dieses Buch hätte ich ohne die Hilfe von einem MediaMarkt-Mitarbeiter wahrscheinlich nicht so motiviert geschrieben. Als ich mit der Recherche und dem Schreiben anfing, hatte mein Laptop einen technischen Defekt. Er ließ sich nicht mehr einschalten und all meine Dokumente waren weg. Zum Glück speichere ich all meine Dokumente auf einer externen Festplatte und in einer Cloud. Alle Dokumente? Na ja, alle bis auf das, was du gerade liest!

Es war klar, dass dieses Projekt neu gestartet werden musste, wenn mein Laptop den Geist aufgab. Also schnappte ich meine Rechnung und ging zum Händler, um mein Laptop reparieren zu lassen. Am Servicedesk stand ein Mitarbeiter, der direkt mein Laptop aufklappte und sein Bestes tat, ihn wieder zum Laufen zu bringen. Eigentlich brauchte er das nicht, weil die Garantie schon abgelaufen war und Servicemitarbeiter nicht für diese Arbeit zuständig sind. Normalerweise werden diese Fälle eingeschickt. Das Einschicken in die Zentrale wäre für mich aber eine Katastrophe gewesen. Schließlich ist das meistens mit einem kompletten Reset (also alle Daten weg) und ein bis zwei Wochen Wartezeit verbunden. Irgendwann machte mein Laptop ein Update und stand für eine Weile beim MediaMarkt Service herum. Krass, dachte ich, das Update hat er bei mir noch nicht gestartet; da hörte es bei mir immer auf. Währenddessen wurde die Schlange am Service aber auch immer länger. Der Mitarbeiter widmete sich anderen Kunden und ich hockte neben meinem Computer und sah zu, wie der blaue

Balken während des Updates immer länger wurde. Könnte es sein, dass der Servicemitarbeiter mein Buch mit zwei Tasteneingaben und einem Update gerettet hat? (Achtung Spoiler: JA).

Während ich dahockte und hin und wieder aufstand, beobachtete ich die anderen Kunden, die der Servicemitarbeiter bediente. Die Schlange war wirklich lang geworden und einige Kunden standen über zwanzig Minuten an. Sie hatten Anliegen, die nicht weniger aufwendig waren. Dabei fiel mir etwas auf: Jeder zweite Kunde war salopp gesagt ein Arsch! Jeder zweite beschwerte sich, dass er zu lange gewartet hatte, dass die Konditionen des Ladens „eine Frechheit" seien oder gar, dass die Mitarbeiter inkompetent seien. Die Servicemitarbeiter mussten Dinge aushalten, für die sie nicht verantwortlich waren. Was ein harter Job. Ich bin ganz ehrlich: In so einem Job hätte ich nicht lange aushalten können.

Die Krönung war jedoch ein älterer Herr. Er war das lebende Klischee eines frustrierten, deutschen Rentners, der sein Leben nicht ausgekostet hat, weil die Außenwelt so blöd sei. Er hatte seinen eigenen Wasserkocher geschrottet, weil er ihm heruntergefallen ist. Nun ging er zum Service und forderte einen Ersatz. Mein Servicemitarbeiter klärte ihn auf, dass selbstverschuldete Defekte kein Garantiefall waren und er nichts machen könne. Da wurde der Alte plötzlich laut: „Es ist eine Unverschämtheit, wie Sie mit Kunden umgehen! Nie wieder kaufe ich in Ihrem Schießladen!" Nachdem er fast zwei Minuten den Laden beschimpft hatte, wurde er persönlich. „Sie können gar nichts, deswegen arbeiten Sie hier! Nicht mal einen guten Service können Sie! Ihre Mutter muss sich für Sie schämen!", brüllte der Mann. Ich räusperte mich laut und sorgte für eine Unterbrechung der Beschimpfung. Ein Mann, der hinter dem Alten stand, nutzte die Gelegenheit, um ihm ins Wort zu fallen. „Wenn Sie schon im Unrecht sind, dann seien Sie wenigstens ein Gentleman und spielen sich nicht auf", sagte er dem Alten in einem höflichen und bestimmenden Ton. Der Alte fühlte sich ertappt und drosselte seine Stimme. Eine Entschuldigung konnte ich leider nicht vernehmen. Der Mann hinter dem Alten nickte mir leicht zu (glaube ich zumindest, weil sich unsere Blicke trafen). Ich hatte den größten Respekt vor dem Mann. Er stand ein für jemanden, der es schon schwer genug hatte. Ich hätte genauso intervenieren können, traute mich aber nicht. Dieser Mann bewies echten Charakter und ich sah ihn irgendwie als Vorbild. Wenn ich mich persönlich entwickelte, sollte der Patrick der Zukunft diese Eigenschaft haben.

Nachdem der Alte bedient war, kam der Mitarbeiter kurz wieder auf mich zu. Das Update war durch und mein Computer lief wieder. Der Servicemitarbeiter hatte einen nicht unerheblichen Teil dazu beigetragen. Ich klappte also mein Laptop zusammen und bedankte mich. Ich betonte, dass er meinen Tag gerettet hatte und dass er einen herausragend guten Job machte. Ein Lächeln des Mitarbeiters konnte ich ebenfalls vernehmen. Vielleicht trug ich auch meinen Teil dazu bei, dass er den Alten schnell wieder vergessen konnte.

Bevor ich darauf eingehe, wie du es besser machen kannst, möchte ich noch eine weitere kurze Geschichte mit dir teilen. Eine Bekannte von mir arbeitete in dem größten Kino in München, im Mathäser Filmpalast in der Bayernstraße. Ich betone das, weil sich die Arbeit in einem großen Kino deutlich von einem Filmkunsttheater unterscheidet, in dem es vor der Vorstellung ruhiger zugeht. Meine Bekannte saß an der Kasse und verkaufte Tickets. Eine Mutter kam mit ihrem Kind und wollte einen ungültigen Gutschein einlösen. Natürlich war das nicht möglich und meine Bekannte wies sie darauf hin. Die Mutter wurde wie der alte Mann in der Geschichte davor laut und zog unter Protest den Rückzug an. Sie stellte sich neben die Kasse, sodass meine Bekannte jedes Wort mithören konnte und sagte zu ihrem Kind im lauten Ton: „Siehst du? Darum brauchst du gute Noten in der Schule. Damit du nicht wie der letzte Versager an der Kinokasse arbeiten musst." Meine Bekannte, die während ihres Medizinstudiums im Kino arbeitete, ist heute Ärztin mit eigener Praxis und hat an einigen wichtigen Publikationen mitgearbeitet. Sie ist Millionärin und wohnt mittlerweile in Zürich.

Wenn ich mich selbst reflektiere, ist die schlimmste Außendarstellung, die ich mir vorstellen kann, dass andere Menschen von mir denken, ich sei wie der alte Mann oder wie die Mutter aus meinen Storys. Diese beiden Personen haben alles dafür getan, um in dieser Momentaufnahme kein gutes Licht auf sich selbst zu richten. Es kann durchaus sein, dass der Mann oder die Mutter, sobald man sie besser kennt, wirklich liebe

Menschen sind. In der Situation selbst dachte das situative Umfeld aber: Arschloch!

Ich will selbst in einer Situation mit Menschen, die ich vermutlich nie wieder sehen werde, einen möglichst guten Eindruck hinterlassen. Mein Ziel ist, dass ich meinen Charakter so entwickle, dass ich in jeder Situation meine Mitmenschen mit Respekt behandle. Aber das ist auch für mich nicht immer einfach. Gerade, wenn man in der Rushhour mit der U-Bahn unterwegs ist, schnell umsteigen muss und jemand vor einem geht, der Schlangenlinien läuft, weil er gerade auf seinem Handy tippt. Grrr, das ist respektlos gegenüber der Umgebung. Diese Leute werden immer mehr und sie interessieren sich nicht für ihr Umfeld, erwarten aber, dass man sie respektiert. Ist es also gut, diese Menschen anzurempeln, damit sie ihre „Lektion" lernen? – Nein, denn sie verstehen es trotzdem nicht. Man verwandelt sich dadurch nur selbst zum Arschloch. Es ist also ein Rückschritt in der eigenen Persönlichkeitsentwicklung. Unser Ziel ist es ja, kein Arschloch zu sein. Respekt anderen Menschen gegenüber zeigt sich dadurch, dass man ehrlich gemeinte Kritik nur konstruktiv äußert. An dieser Kritik können Menschen auch wachsen und du trägst zu der Entwicklung dieser Menschen bei. Wenn Punkte konstruktiv geäußert werden, kann sich dein Gegenüber daranhalten oder nicht. Es bleibt immer noch seine Entscheidung. Durch die Welt zu laufen und andere Menschen mit dem Arschloch-Label zu bekleben ist allerdings auch kein respektvoller Move. Empathie und soziale Intelligenz sind von Vorteil. Auch wenn ich zum

Teil aus humoristischen Gründen, Menschen als Arschlöcher bezeichne, meine ich damit nicht, dass man die Menschen labeln sollte. Das macht uns als Folge dann selbst zu einem.

Wie du siehst, definieren sich Arschlöcher dadurch, mit wie viel Respekt sie mit ihren Mitmenschen umgehen. Mein persönliches Ziel ist es, meinen Mitmenschen etwas Gutes zu tun. Ich möchte, dass es Menschen gibt, die sagen: „Patrick hat mein Leben positiv beeinflusst." Darum schreibe ich dieses Buch, darum spreche ich mit Menschen und (*Trommelwirbel*) darum erstelle ich meine Produkte, mit denen ich in meinem Nebengeschäft Geld verdiene. Wie Wattles in seinem Werk „The science of getting rich" bereits beschrieb, ist der Wert, den ein Produkt hat, entscheidend für den Erfolg. Ein Produkt darf nicht erstellt werden, nur um Geld zu verdienen. Es muss einen Mehrwert für den Kunden haben. Das sorgt bei dir auch für ein gutes Gewissen. Du merkst, dass du einen Einfluss hast, dass du Wert lieferst und das Bestmögliche an deine Kunden weitergibst. Wenn wir von Respekt sprechen, dann rede ich nicht nur von situativem Respekt gegenüber Menschen, mit denen du interagierst. Ich rede auch von Respekt deinen zahlenden Kunden gegenüber. Selbst, wenn du auf Grundlage deines Geschäftskonzeptes nie mit ihnen Kontakt haben solltest, musst du deine Kunden respektieren. Gibt dein Bestes mit deinem Produkt, erstelle hochwertige Inhalte und gib alles, dass dein Produkt die Ziele erfüllt, die es soll. Es gibt zu viele Unternehmer, die verbrannte Erde bei Kunden hinterlassen. Sei der Unternehmer, der auf dieser verbrannten Erde wieder Bäume pflanzt. Das schaffst du, wenn du deine Kunden respektierst.

Ich finde die Metapher sehr passend, die die Grundlage für den Titel dieses Buches ausmacht. Hast du dich schon einmal gefragt, warum man respektlose Menschen als Arschlöcher und schlechte Produkte als Scheiße bezeichnet? – Weil aus Arschlöchern nur Scheiße kommt! (Oh Gott, Männerhumor…)

Die Quintessenz zusammengefasst: Arschlöcher machen scheiße… sei kein Arschloch!

Respekt vor dir selbst

Ich möchte eine Sache klarstellen: Nur weil du andere Menschen respektierst, musst du deswegen nicht deine eigenen Bedürfnisse hinten anstellen. Ich habe viel zu häufig den Fehler gemacht, dass ich meine eigenen Ansichten, Bedürfnisse und Vorteile nach hinten gestellt habe, weil ich gut auf meine Umgebung wirken wollte. Weit gebracht hat es mich nicht. Ich war immer der letzte in der Nahrungskette. Ich war der, den man ausnehmen, verarschen und runtermachen konnte, damit man sein eigenes Leben weniger erbärmlich findet. Hätte ich meine Ansichten auf mich selbst und meinen Charakter nicht geändert, wäre ich heute nicht auf dem richtigen Weg.

Wenn du dich und deine Persönlichkeit entwickelst, wirst du automatisch für dich selbst und deine Werte einstehen. Das ist gut und wichtig so. Es wird aber zwangsläufig zu Konflikten kommen. Du wirst anecken und dich bei dem einen oder anderen sogar unbeliebt machen. Das ist okay. Es kann sogar sein, dass dich dein situatives Umfeld für ein Arschloch hält, wenn du deine Meinung vertrittst. Du musst nicht der Liebling von allen sein. Wenn du aneckst und dich andere dafür nicht mögen, bist du kein Arschloch. Du hast eher ein Arschloch identifiziert!

Wir haben eben gelernt, dass man ein Arschloch wird, wenn einem der Respekt fehlt. Wie kann man aber Respekt vor anderen haben, wenn einem der Respekt vor einem selbst fehlt? Diese rhetorische Frage klingt im ersten Moment ein wenig vage. Darum möchte ich das gleiche Thema auf einen anderen Bereich übersetzen: „Wie kannst du erwarten, dass dich andere Menschen lieben, wenn du dich nicht selbst liebst?" Du musst das Fundament für Respekt und Liebe in dir selbst schaffen. Du darfst nicht erwarten, dass dir dein Umfeld Respekt entgegenbringt, wenn du dich selbst nicht respektierst. Das Umfeld spiegelt dich nur. Respekt vor dir selbst resultiert immer in respektvollem Umgang mit deinen Mitmenschen. Das heißt, wenn du kein Arschloch sein willst, ist es deine (verdammte) Pflicht, dich selbst zu respektieren!

Viele Menschen verwechseln Selbstrespekt mit Arroganz. Dabei ist das eine etwas, dass das andere imitiert, aber in Wirklichkeit das komplette Gegenteil ist. Eben weil Selbstrespekt und Arroganz sich so nett spiegeln, werden sie oft verwechselt. Du kannst dich in einigen Situationen einmal selbst und dein Umfeld beobachten. Stelle dir einmal die Frage, ob dir jemand arrogant vorkommt oder ob es eher starker Selbstrespekt ist. Intuitiv kannst du es ziemlich schnell herausfinden. Arroganz ist eine Maske der Unsicherheit. Diese Unsicherheit kommt wegen fehlendem Respekt vor einem selbst. Wenn du allerdings anderen Menschen Arroganz unterstellst, kann das eine Fehleinschätzung sein. Mit anderen Worten: Wenn du Selbstrespekt hast, erkennst du Arroganz bei anderen. Du kannst Arroganz von Selbstrespekt unterscheiden. Wenn du dich selbst respektierst, erkennst du Arroganz, sie regt dich aber nicht auf.

Wenn du einen arroganten Menschen vor dir hast und dir insgeheim denkst: „Der ist arrogant/ gibt nur an, weil ihm XY fehlt [...]", dann kann das ein Hinweis darauf sein, dass du noch ein wenig an deinem Selbstrespekt arbeiten musst. Mir passiert das immer wieder! Ich muss aber klar feststellen, dass mich diese Bereiche nur aufregen, weil ich selbst noch nicht den Selbstrespekt oder das Selbstvertrauen in diesem Bereich entwickeln habe, dass es spurlos an mir vorbeigeht. Das ist gut! Nur so kann ich die Bereiche mit dem Entwicklungspotenzial identifizieren. Ein Rückschritt ist es nur, wenn ich den „arroganten Typen" dann in meiner Umgebung schlechtrede. Das zeugt weder von Charakter und Selbstrespekt noch von Entwicklungsbereitschaft.

Ein kleiner Test für dich:

Als wir vor einigen Jahren mit meinem Arbeitgeber auf einem Teamevent in Wien waren, saß ich mit einer Arbeitskollegin, die ebenfalls Frühaufsteherin war, gemeinsam beim Frühstücken. Mit dieser Kollegin kann man gute Gespräche führen, weil sie eine eigene Meinung hat, sich aber andere Meinungen immer anhört. Das

Paradebeispiel einer guten Diskussionspartnerin. Wir begannen, über Wirtschaft und auch Politik zu sprechen. Mein Standpunkt war, dass man die Eingriffe des Staates reduzieren und sich gerade auf kleine und effizient arbeitende Unternehmen konzentrieren sollte. Eine alte Frau, die in direkter Hörweite saß, begann plötzlich mit ihrer Tischnachbarin so laut zu sprechen, dass wir ihr Gespräch unüberhörbar mithörten. Das sollten wir auch, denn diese Dame griff unser Gespräch an. Statt in eine Diskussion mit mir direkt einzusteigen, zeigte sie ihre Verachtung gegen meine Meinung direkt und passiv gleichermaßen. In lautem Ton sagte sie zu ihrer Tischnachbarin: „Das ist absoluter Quatsch! Der Staat muss eingreifen, denn nur so funktioniert Wirtschaft. Kapitalismus hat noch nie funktioniert! Immer diese jungen Männer, die keine Ahnung haben, aber meinen, die Weisheit mit Löffeln gefressen zu haben […]" Dann stand sie auf und holte sich was vom Buffet. Meine Kollegin und ich schauten uns an. Es war offensichtlich, dass das ein Angriff auf mich war. Als die Dame wieder zurück war, zwinkerte ich meiner Kollegin zu. Das ließ ich nicht auf mir sitzen. Ich sprach in einem ebenso lauten Ton, dass die Dame mich nicht überhören konnte: „Weißt du, ich habe über mein Studium hinaus viele Wirtschaftstheorien gelesen, so auch die ‚österreichische Schule' und ihren Wert erkannt. Leute, die sich nicht weiterbilden, sind in ihrem Weltbild gefangen und nicht fähig, ihr Wissen zu verknüpfen. Daran erkennt man Nicht-Denker! Sie hocken 80 Jahre herum und glauben immer noch, dass die in dem Studium beigebrachten Lehren die einzigen existenten sind. Wenn sie dann auf

Menschen treffen, die Interesse an einem Thema haben, greifen sie sie an, weil das eigene Weltbild ja leiden könnte. Das ist an Erbärmlichkeit kaum zu überbieten! Es beweist, dass diese Person ihr Leben in einem Reagenzglas verbracht hat und sich nie weiterentwickeln wird [...]" Nach meiner Aussage hörte ich die Dame vom Nebentisch nicht mehr sprechen, nur noch flüstern.

Was ist deine Meinung? War ich arrogant? – Du entscheidest!

Auflösung des Selbsttests

Diesen Absatz habe ich kurz vor der Versendung an den Verlag ergänzt. Als ich den vorherigen Kapitelabschnitt geschrieben hatte, bin ich davon ausgegangen, dass mindestens die Hälfte der Leser meiner Argumentation folgen würden und meine Handlung als richtig ansehen. Allerdings möchte ich an dieser Stelle darauf hinweisen, dass meine Reaktion tatsächlich arrogant war. Statt weise zu handeln, habe ich mich von Emotionen leiten lassen. Das ist alles andere als vorbildlich. Wenn man sich von Emotionen leiten lässt und sich von fremden Menschen angegriffen fühlt, hat man seinen Selbstrespekt noch nicht weit genug entwickelt. Es hätte mich schlichtweg nicht kümmern dürfen, was die Dame sagte. Stoiker wie Marc Aurel oder Seneca hätten die Aussagen entweder ganz ignoriert oder die Dame zu einer respektvollen Diskussion eingeladen. Meine Reaktion war allerdings darauf bedacht, mein Ego zu schützen.

Hätte ich zu dem Zeitpunkt den Selbstrespekt gehabt, den ich dir ans Herz legen möchte, hätte ich anders reagiert. Ich hätte keine Sprache verwenden dürfen, die meinen Angreifer zu demütigen versucht. Denn wer die Zufriedenheit in sich trägt, und den Selbstrespekt innehat, wird in einer solchen Situation niemals emotional reagieren. Durch Worte kann nur ein Ego angegriffen werden, das immer noch verwundbar ist. Das wiederum bedeutet, dass mein angestrebter Zustand nicht erreicht war.

Die wichtigsten Lektionen dieses Buches

Zum Abschluss möchte ich dir die wichtigsten Lektionen aus diesem Buch noch einmal vor Augen führen und kurz zusammenfassen. Beginnen wir damit, dass es heute leicht ist, ein Geschäft zu starten. Noch nie in der Menschheitsgeschichte gab es so geringe Eintrittsbarrieren wie heute. Wenn du anfangen möchtest, ist genau jetzt der richtige Zeitpunkt. Lass dich von bestehenden Geschäftsmodellen inspirieren oder entwickle dein eigenes. Wichtig ist nur, dass dein Geschäft zu dir passt. Du brauchst eine Passion und solltest auch dein Leben lang mit Stolz in den Spiegel schauen können.

Auch wenn es verlockend klingt, so gibt es kein reines passives Einkommen. Jede Form von Einkommen ist mit einer Aktivität verbunden. Sei es Vorleistung, Abwägung, Information… Den schnellen Weg zum Haufen Geld gibt es so oft wie einen Lottogewinn. Er ist grundsätzlich möglich, aber garantiert ist nichts.

Beim Gründen von Geschäften und Agieren auf Märkten ist die Compliance und Gesetzestreue wichtig. Negative Überraschungen gibt es hier leider immer wieder. Darum solltest du stets auf Gesetze und Eventualitäten achten. Je mehr du darauf achtest, desto unwahrscheinlicher ist eine böse Überraschung. Halte dich an Recht, Gesetz und an die Allgemeinen Geschäftsbedingungen der Onlinemarktplätze und Social Media Plattformen.

Die absolut wichtigste Lektion ist aber, dass du dein Geschäft für dich aufbaust. Achte darauf, dass deine Ziele intrinsisch sind und nicht von externen Faktoren abhängig. Du musst dich gut fühlen, bei dem, was du tust. Achte auf dich, dein gutes Gewissen und liefere deinen Kunden den größtmöglichen Wert. Investiere in dein Produkt und in Kommunikation.

Das muss ich dir noch auf den Weg geben

Dieses Buch geht nicht über mich. Ich habe dir zwar Geschichten erzählt, die mich oder Bekannte von mir im Vordergrund sieht, welche aber eigentlich nur zur Untermalung der Informationen gedacht waren. Dieses Buch ist dein Buch. Ich möchte dir so viel Wert und Information auf den Weg geben, dass du selbstbewusst deine Träume verwirklichen kannst. Dazu möchte ich dich ermutigen. Es ist dein Leben. Lebe dein Leben so, wie du es willst und nicht, wie es andere von dir erwarten. Es gibt zu viele Menschen, die auf dem Sterbebett liegen und es bereuen, ihre Träume nicht in Angriff genommen zu haben. Bitte sei einer von den Menschen, die auf dem

Sterbebett liegen und mit Stolz sagen können: „Ich habe alles geschafft, was ich wollte. War schon geil!"

Nimm das mit, was du für dich selbst brauchen und nutzen kannst. Wenn es Punkte gibt, denen du skeptisch gegenüberstehst, ist das in Ordnung. Wir müssen nicht eins zu eins dieselben Ansichten teilen. Es geht in deinem Leben und in deinem Buch darum, dass du den Wert jeder Information für dich selbst erkennst und nutzt. Wenn du dich mit einer anderen Interpretation wohler fühlst, ist das auch gut so. Dieses Buch soll dich nicht belehren und dir „den einzig möglichen Weg" aufzeigen. Es ist mir viel wichtiger, dass du dich mit Fragen konfrontierst, die du für dich selbst beantwortest. Arbeitest du an deinen eigenen Zielen? Sind deine Ziele selbst- oder fremdbestimmt? Was möchtest du für dich erreichen? Was sind Dinge, die du nicht erreichen möchtest? Welchen positiven Einfluss möchtest du auf dein Umfeld haben? Was wirst du mit deiner Erfolgsgeschichte für andere tun? Wie werden dich andere Menschen wahrnehmen? – All das liegt in deiner Hand. Du verdienst es, dein Leben so zu führen, wie du es möchtest.

Arbeite an deinen Zielen, erfülle dir deine Träume, denn die Zeit läuft nicht rückwärts. Erkenne, dass Zeit deine wichtigste Ressource ist. Mache deswegen so viele Erfahrungen, wie es geht. Selbst wenn es bedeutet, dass du Geld in eine Idee oder in einer Kampagne versenkst. Es ist auch kein Beinbruch, wenn es viel Geld ist, das dir finanziell wehtut. Es ist nur dann ein Verlust, wenn du dich selbst hängen lässt und du nichts aus dem Fehler lernst. Ein Verlust ist es auch dann, wenn du dir denkst: „Hätte ich es mal probiert."

Wenn wir schon über Zeit sprechen, gibt es einen weiteren Punkt, den ich dir zum Schluss mitgeben muss. Jeder Mensch lebt auf seiner eigenen Zeitachse. Vergleiche dich deswegen nicht mit anderen. Wenn du Anfang 60 bist und du glaubst, dass du in den nächsten fünf Jahren kein Millionär mehr werden kannst, weil du so viele zwanzigjährige Millionäre siehst, dann überdenke dein Mindset. Du hast Erfahrungen in deinem Leben gesammelt, die du nutzen kannst, um dein Ziel zu erreichen. Musst du denn unbedingt Millionär sein, um erfolgreich zu sein? Wie definierst du Erfolg? – Fakt ist: Jeder definiert Erfolg auf seine eigene Weise. Darum ist es auch Blödsinn, wenn du dich mit anderen vergleichst.

Erkenne dich selbst als deinen größten USP. Du selbst bist dein Alleinstellungsmerkmal. Du hast deine eigenen Stärken, Fähigkeiten und Interessen. Das kann dir keiner nehmen. Auch wenn es Menschen gibt, die in etwas besser sind als du, gibt es keinen Grund, dass du dich vor ihnen einigelst. Wenn du dich in dieser Fähigkeit weiterentwickeln möchtest und deine Stärken ausbauen willst, sprich sie an und entwickle dich weiter. Arbeite an deinem wichtigsten Projekt: Dir selbst. Es geht nicht darum, dass du die oder der Beste in einem Gebiet bist. Sei einfach gut genug für dein Ziel. Die Kombination aus den Dingen, in denen du gut bist, macht dich einzigartig.

Wenn ich mich noch einmal vorstellen darf: „Hi, ich bin Patrick Wagner. Ich habe dieses Buch für dich geschrieben. Was mich dazu bewegt hat? – Nun, ich habe meine eigene Geschichte, meine eigenen Interessen und meine eigene Kombination aus Fähigkeiten. Ich bin Trickfilmer, habe etliche Filme und Serien gezeichnet und durfte sogar meinen eigenen Kinofilm produzieren. Ich schreibe Bücher, Geschichten und Comics seit ich denken kann. Ich war Journalist, Vertriebler und Marketer. Ich habe mit einigen Projekten Erfolg gehabt und bin mit noch mehr Projekten gescheitert. Jedoch habe ich nie aufgegeben und packe meine Träume an. Ich bin nicht perfekt und habe noch einen weiten Weg vor mir. Wie ist es bei dir? Wer bist du? Was kannst du gut? Was inspiriert dich? Und das Wichtigste: Wie sieht dein Weg aus? – Ich kann es nicht erwarten, von dir zu hören.“

Danksagung

Dieses Buch ist wahrscheinlich eines meiner wichtigsten Projekte. Ich wollte einen Teil meiner Geschichte erzählen, um Menschen zu ermutigen, das Beste aus sich zu machen. Jeder einzelne, der Nutzen aus diesem Buch ziehen kann, ist mein persönlicher Erfolg. Auch wenn nur einer sein Leben durch mich auf die richtige Bahn lenken kann, hat es sich für mich gelohnt. Darum möchte ich mich als Erstes bei dir bedanken, liebe Leserin oder lieber Leser! Dieses Buch ist für dich. Wenn du die Person bist, die ich inspirieren konnte, ist es mir eine große Ehre, dich auf deinen Weg begleiten zu dürfen. Auch, wenn wir uns vielleicht niemals persönlich treffen werden.

Ohne die wichtigsten Menschen in meinem Leben hätte ich nie die Möglichkeit gehabt, dieses Buch zu schreiben. Darum möchte ich vor allem meiner Familie danken, die mich immer in allem unterstützt hat. Mein Bruder Nils, mit dem ich einige meiner wichtigsten Projekte gemeinsam starten und beenden durfte, ist mein wichtigster Partner in Crime. Ich bin so froh, dass du mein Bruder bist, und ich werde dich immer unterstützen und lieben. Meine lieben Eltern haben mir den Grundstein gelegt für alles, was ich bisher erreichen konnte und noch erreichen werde. Ihr habt immer an mich geglaubt und wart immer für mich da. Ihr habt mir eure Werte vermittelt und so vieles richtig gemacht. Dafür werde ich euch auf ewig dankbar sein.

Auch möchte ich mich bei meinen Freunden bedanken, die mir verschiedene Perspektiven aufgezeigt haben. Wir hatten viele Erlebnisse, Unternehmungen, Gespräche und Diskussionen, an denen ich wachsen konnte und die mich auf ewig geprägt haben. Ich danke jedem einzelnen von euch. Auch denen, die nur kurzzeitige Wegbegleiter waren, möchte ich sagen, dass ich ohne euch nicht ich selbst wäre. Jeder, den ich in meinem Leben als Freund bezeichnen dufte, hat mich geprägt. Auch Wegbegleiter wie Kollegen, Vorgesetzte und Interviewpartner haben mich prägen können. – Ich bin dankbar für alles und jeden, der in mein Leben kam und kommen wird.

So kannst du mit diesem Buch Geld verdienen

Vielen Dank, dass du in diesem Buch so weit gekommen bist. Du hast deine Lebenszeit damit verbracht, ein Buch zu lesen, das dir hoffentlich viel Mehrwert gebracht hat. Leider schaffen nur die wenigsten Menschen die Bücher auch durchzulesen, die sie sich kaufen. Umso dankbarer bin ich, dass du einer dieser Menschen bist.

Wir kennen uns vielleicht nicht, dennoch hoffe ich, dass du dein Leben durch mich ein Bisschen besser machen konntest. Nutze die Informationen, die dich voranbringen und nehme sie in deinen eigenen Pool an Weisheit auf.

Wenn dir dieses Buch einen Mehrwert liefern konnte, freue ich mich darauf, von dir zu hören. Besonders freue ich mich, wenn du dieses Buch auf den gängigen Portalen bewertest und mir Feedback zukommen lässt. Ich schaue regelmäßig in Rezensionen hinein und freue mich, deine Meinung zu erfahren. An deiner Kritik kann auch ich wachsen.

Du möchtest mit mir Kontakt aufnehmen oder sogar mit mir zusammenarbeiten?

Sehr gerne! Hier kannst du Kontakt mit mir aufnehmen: https://wanipa-life.de/kontakt/

Jetzt aber zu dem Punkt, der dich wahrscheinlich am meisten interessiert: Du kannst mit diesem Buch Geld verdienen! – Wenn ich dir einen Mehrwert liefern konnte, wirst du in der Lage sein, dieses Buch guten Gewissens an deine Freunde weiterzuempfehlen. Damit es nicht eine bloße Wohltat für deine Freunde bleibt, habe ich ein Affiliate-Programm aufgestellt, mit dem du pro Empfehlung Geld verdienen kannst. Das bedeutet, du erzählst deinen Freunden über dieses Buch und schickst ihnen einen Link, mit dem sie es kaufen können. Sobald sie das Buch über deinen Link kaufen, erhältst du eine Verkaufsprovision.

Das funktioniert im Übrigen nicht nur mit diesem Buch. Du kannst dir als Empfehler (Affiliate) ein Nebeneinkommen aufbauen. Wie genau du an meinem Affiliate-Programm teilnehmen kannst, erfährst du auf dieser Webseite:

https://wanipa-life.de/wkkms-empfehlung

Das ist außerdem erhältlich

Mystery Bastards: The Beginning

Die einzigartige Vorgeschichte zur Comicserie „Mystery Bastards" von Patrick Wagner.

Der faule Student John Cansey schafft es irgendwie, sich durch seine Abschlussprüfung zu mogeln. Gemeinsam mit seinen besten Freunden Quinzie Kork, Cliff Blugy und Phille Floethie studiert er psychologie in Braunschweig. Doch die Freude über die bestandene Prüfung währt nur kurz. John muss zurück in seine Heimatstadt nach England, um seiner sterbenden Mutter Beistand zu leisten. Doch in seiner Heimatstadt gehen einige merkwürdige Dinge vor sich…

Künstliche Intelligenz für Kinder erklärt – mit Max Torrt

Entdecke die faszinierende Welt der Künstlichen Intelligenz mit Max Torrt und seinen Freunden. Beginne zusammen mit Max, Achmed, Bjön, Lisa und Maria eine aufregende Reise in das neue Feld der Technologie! In diesem kinderfreundlichen Sachbuch lernen Kinder die Grundbegriffe der künstlichen Intelligenz. Zusammen mit den freundlichen Figuren lernen sie, wozu künstliche Intelligenz genutzt werden kann, wie sie entwickelt wird und welchen Einfluss sie auf unsere Zukunft nehmen kann. Die Reise wird Schritt für Schritt erklärt und ist mit liebevoll gestalteten Illustrationen gespickt. Dieses Sachbuch für Kinder verbindet eine Geschichte mit nützlichen Informationen und bereitet Kinder Schritt für Schritt auf das Nutzen der neuen Technik vor. Dabei wird natürlich auch ein Blick auf mögliche Gefahren geworfen, die mit künstlicher Intelligenz einhergehen können. So werden bereits die Kleinsten für die Technik sensibilisiert. Natürlich wird auch der Unterhaltungsfaktor in diesem Buch nie außer Acht gelassen.

ISBN: 9783759733924